経済学ではこう考える

中島隆信
Takanobu Nakajima

慶應義塾大学出版会

はじめに

一般の人が経済学に対して持つイメージはどのようなものでしょう。「欲得ずくのカネ勘定」、「冷徹な合理主義」、「血も涙もない弱肉強食」などさまざまでしょう。全般的にあまりよいイメージを持たれていないように思います。

本書の目指すところは、経済学が社会科学としてきわめて守備範囲が広く、汎用性の高い学問であることを読者の方々に納得していただき、こうした経済学へのマイナス・イメージを払拭することです。そのためのキーワードは「なぜ？」という疑問符です。

どのような学問に対する興味も、「なぜ？」から始まるといっていいでしょう。理科でいうなら、自然現象を見て、「なぜ空は青いのか？」、「なぜ雨が降るのか？」などといった子どもが発するような単純な疑問のことです。子どもはそうした「なぜ？」から出発し、次第に現象の背後にある理論に興味を持つようになっていきます。

社会科はどうでしょうか。小中高等学校における社会科教育は、どこに何があるかを知る地理、過去に何があったかを学ぶ歴史、どのような社会制度があるかを覚える公民（政治経済）が中心になっています。すべて大人になって必要となる知識を教える学科ですが、そこで決定的に抜け落ちているのが「なぜこうなっているのか」を考える社会科目です。

もちろん、地理や歴史を学ぶさいには、なぜ地形がこうなったか、なぜここに大きな都市ができたか、なぜ戦争を招いてしまったか、などについての説明はなされるでしょう。でも、学科としての客観性を重視するあまり、さまざまな出来事の背後にどのような人間や組織の行動が隠されていたか、またその行動が何によってもたらされたのかという推論についてはそれほど重要視されているように思えません。

実は、経済学こそ社会のなかの「なぜ?」を見出し、探求する学問なのです。どんな社会現象も最終的には人間が関わっています。それならば、背後に人間を突き動かす動機（インセンティブ）が存在しているはずです。経済学は、そのインセンティブの部分を突き詰めることによって、「なぜ?」に対する真の答えを見出そうとするのです。

地理や歴史の研究領域でも「なぜ?」を追求していくとどうしても経済学的思考に頼らざるを得ないのではないでしょうか。すべての疑問に対する究極の答えは、「人間がそのように行動したいと思ったから」というところに行き着くからです。よく「自然の力には逆らえない」といいますが、同じことが社会現象にも当てはまるわけです。つまり、「人間の合理性には逆らえない」のです。

このようにいうと、「だから経済学者は気に入らん。人間は利害を超えた信義・信念に基づいて行動することがある」とお叱りを受けそうです。しかし、利害を無視した信念だけで国家の運営が成功した例は少ないでしょう。大和朝廷時代に古代中国から導入した律令制度がのちに破綻した原因のひとつは、土地の国有化によって田畑を耕すインセンティブが失われ、生産性が低下したためだといわれています。また、後醍醐天皇による建武の中興の失敗は、武士の利害を無視し、すでに定着していた武家社会を強引に律令制に戻そうとしたことに起因するといえるでしょう。長い目で見れば人々の合理的な行動を無理に押し止めることは不可能に近いのです。

さらにいうなら、信念や信義も広い意味での合理的行動に含まれるのではないでしょうか。たとえば、受験生が神社に出かけていき、合格の願いを込めて賽銭を投げたり絵馬をかけたりするのは一見するとあまり意味のない行動のように思えます。そのようなことをする時間があったら勉強に励むことの方がよほど理に適なっているからです。しかし、神社に出かけた受験生にとって、神に祈ることが心の平穏をもたらし、その後の勉強をさらに能率よいものにするならば、参拝は十分に合理的な行動といえます。また、そうでなければ天神様があれだけの集客力をいつまでも維持できるとは到底考えられません。

本書では、一見すると合理性とは無縁と思われるような題材に経済学の光を当て、その実態をできる限り平易に解説していきます。悲しいかな、合理的な人間である私たちは思考法に関しても安易な道に流れがちです。理屈っぽい経済学的思考はあまり大衆ウケしません。「悪いヤツは誰なのか？」という興味に引きずられてしまい、「なぜこのような事態を招いたか」という考えに至ることが少ないようです。「モラル」や「善悪論」といった○×形式の思考法ほどわかりやすいものはないからです。

社会現象に関するこのような表層的な解釈は深刻な事態を招きかねません。短絡的な因果関係に頼ってばかりいるために、先入観にとらわれやすく容易に外部からの影響を受けてしまいます。自分の意見を表明するとき、周囲を気にし、その場の雰囲気に流されやすくなります。まさに民主主義にとって危機的な状況ともいえるのです。

本書の構成について以下に簡単に述べておきましょう。

まず、第1章「経済学的思考のススメ」は本書の主題に入る前の準備運動としての意味を持つものです。経済学的なものの考え方を身につけることが社会現象への感受性を高めるとともに、ものごとの真因について深く考えるうえで有効であることを説明します。日ごろ、私たちが陥りがちな誤解を経済学的思考によって解き明かし、経済学に馴染みのない読者の方々に目から鱗を落としていただくことをねらっています。

第2章以下では普段はあまり経済学の分析対象にならないと考えられている分野を探検しましょう。ひとつ目のテーマは伝統文化です。決まった作法を繰り返し、それを次世代に継承する役割を担う伝統文化の世界に生きる人たちは、どのようなインセンティブのもとに活動しているのでしょうか。そして、伝統文化の生き残りの戦略はどういうものなのでしょうか。こうした疑問について考えてみたいと思います。

次のテーマは宗教です。なぜ人間は宗教に頼るのでしょうか。そして信仰心とは何でしょうか。宗教は奥が深く不思議な世界です。とても経済学の合理性では説明できないように思えます。ですが、その世界で暮らす人々もしっかり生活をしているのです。生活するには稼がなければなりませんし、経済活動と無縁ではいられません。特に、日本には仏教寺院が七万六〇〇〇ヵ寺もあります。全国にあるコンビニの数が四万であることを考えれば、いかにお寺が至るところにあるかおわかりでしょう。まさに宗教は一大産業なのです。

そして三番目のテーマは社会的弱者です。常識的には、弱者といえば福祉が扱う領域と決まっているようです。弱肉強食の競争市場を賛美する経済学が入り込む余地はないように思えますね。でも、単純な弱者保護政策ほどおそろしいものはありません。一人ひとりの人間の幸せを最終的な目標とする経済学は、社会的弱者と呼ばれる人たちのためにも十分に役に立つのです。

最終章では、学問としての経済学の魅力に迫ってみたいと思います。一般の人たちが経済学に対して抱いていると思われる疑問に応え、誤解を解くことに焦点を当てています。そして、本書を読み終わったとき、一人でも多くの読者の方々が、経済学をもう少し勉強してみようかと思ってくれるようになれば、著者としてそれ以上の幸せはありません。

経済学ではこう考える　目次

第1章　経済学的思考のススメ

私のゼミでは毎年のように卒業論文の作成に苦労する学生がいます。その原因は、何をテーマにしていいかわからないところにあります。指導する身としては、分析手法などアプローチの仕方についてはアドバイスできますが、肝心のテーマが見つからないのでは助けようがありません。

毎日同じものを見、同じことを経験していても、それをどう感じ取るかは人それぞれです。強い興味を示す人もいればそうでない人もいます。この違いは学生の社会現象に対する感受性の強さによって生まれてきます。それではこうした感受性はどのようにして養われるものなのでしょうか。

自然現象はドロドロした人間の世界と切り離して客観視することが可能です。自分の知らない世界を科学的に解明することは自然現象への興味を呼び起こし、感受性を高めていきます。それに対して、社会現象は私たち自身が社会の一部を構成しているため、主観的にとらえられがちです。「なぜ？」という疑問を持つ前に、「そんなことは当然だ」とか「そんなことは信じられない」などと自分の経験に基づく先入観で判定を下してしまうのです。

社会現象への感受性を高める方法のひとつは、経済学的なものの考え方を身につけることです。経済学的思考は情報をキャッチするためのアンテナの役割を果たします。ピンと立っていれば他の人が見過ごしがちな現象にも注意が向き、興味ある研究対象となりうるのです。

ただ残念ながら、単に大学で経済学を知識として学んだだけで感受性が高まるわけではありません。学んだことを活用すること、すなわち経済学の目で社会を観察することによって感受性は次第に磨きがかかっていきます。この章ではいくつかのトピックを取り上げながら経済学的思考のエッセンスについて解説していきたいと思います。

モラルという価値判断に頼りすぎていないか

社会の規範として道徳が重要であることはいうまでもありません。でも、世の中の出来事すべてを道徳という価値観から評価してしまうことはあまり意味がありません。なぜなら、問題の原因を人間性に求めることは、しばしば真の原因を見えにくくし、根本的な解決法を見失うことにつながりかねないからです。

嘘をつく子どもがいたとします。そのとき私たちはどのように対応するでしょうか。おそらく「嘘をついてはいけない」と注意するでしょう。なぜなら、嘘をつくことは不正な行いだからです。モラルに頼った対処法はそこまでが限界です。

しかし、経済学では「なぜその子どもは嘘をつくのか？」というところまで考えます。嘘をつく理由は、その子どもにとって正直に話すよりも嘘をつく方が得になるからです。そして、なぜ嘘をつく方が得になるかというと、正直に話すと叱られるからです。

ここでひとつの教訓が見えてきます。それは、厳しい躾が必ずしも正直な子どもにはつながらないということです。子どもは大人と違って世の中のいろいろなことがすべて初体験で珍しいことでしょう。間違ったことや失敗もするでしょう。試行錯誤を繰り返しながら何が正しいことかを学んでいくのです。子どもが何か失敗をしたとき親が厳しく叱りつけると、次から子どもは失敗を隠すようになります。つまり親は次第に子どもがどこで何をしているか情報を得にくくなるのです。

「嘘つきは泥棒の始まり」というのはそういう意味なのです。嘘は子どもが発する警告です。私たちはそこから子育ての失敗の原因を学ばなくてはいけません。

テストでカンニングをした学生が見つかったとしましょう。その学生への処分としては、カンニングをしたテストの成績は当然のこととして零点となり、他の科目についてもカンニングしていたことが予想されるため評価を下げられます。まず落第は免れないでしょう。

なぜこのような厳しい罰を受けるのでしょうか。すぐ思いつく理由は、カンニングはモラルに反する行為だからというものです。それなら対処法は何でしょうか。カンニングが不正行為であることを学生に教育するとともに、監督者による試験中の見回り強化によってカンニングを未然に防ぐということになります。

経済学ではこのような単純な話にはなりません。ここでは、学生がなぜカンニングするのか、そして大学はなぜそれを厳しく罰するのかを順序立てて考えていきましょう。まず学生サイドから考えます。学生がカンニングをする理由は単純です。授業に出たくないし、勉強もしたくないけれど、進級のために単位が欲しいからです。それではなぜ勉強をしたくないのかというと、勉強をしても役に立たないと考えているからでしょう。大学での勉強が将来の自分の生活を豊かにしてくれると考えているならば、自発的に一生懸命勉強するはずだからです。

次に大学がカンニングを取り締まる理由を考えます。おそらく、大学側は公式には学生に勉強をさせるためだと説明するでしょう。あるいはカンニングを認めては真面目に授業に出ている学生にとってアンフェアだという考えもあるでしょう。しかし、これはおかしな話です。カンニングを取り締まらないと学生が授業に出ないし勉強もしなくなるとすれば、大学の授業は学生にとって無価値であることを証明していることになるからです。逆に、大学の授業が本当に学生の役に立っているならば、授業に出た学生は学力がアップし、自分の将来にとってプラスになるわけですから、きわめてフェアな話ともいえます。

真相が見えてきたようですね。大学がカンニングを取り締まるのは、大学側の都合なのです。ひとつは、大学が自らの教育の失敗を隠すためです。もし、大学の授業が本当に面白く、学生の役に立つものであるなら、カンニングを取り締まる必要はないはずです。なぜなら、学生たちは自主的に授業に出て一生懸命勉強するわけですし、その結果、テストもすらすらできるはずだからです。そしてもうひとつの理由は、大学の成績の社会的価値を高めるためです。大学時代の成績が意味のある情報になっているとはとても思えませんが、少なくとも成績優秀で表彰される学生がカンニングの天才だといわれるようなことだけは避けたいのです。

二〇一三年秋、いわゆる「食品偽装問題」が話題となりました。有名ホテルのレストランやデパートの食料品売り場で、実際に使われている食材とメニューなどに表示している名称が食い違っていたのです。この問題は大きく報道されましたのでご記憶の方も多いと思います。

この問題に対して報道機関からコメントを求められた客の多くは、「食材を誤魔化しているなんて許せない」、「信用して買ったのにだまされた気分だ」などと答えていました。また、この問題の原因については、業者サイドは「食材が途中で変わったことを表示し忘れた」と過失であることを強調する一方、客サイドは「金儲けのために安い食材で代用したんだろう」と思っているように見受けられます。さて、経済学ではどう考えるのでしょうか。

確かに、業者の言い分も客の解釈も当たっているように思えます。でもこれにはもっと深いわけがあるのではないでしょうか。はじめにこのニュースを聞いたとき、私はひとつの疑問を持ちました。それは、「信用できない」、「だまされた」とテレビカメラの前で不満げに話す消費者は、同時に、料理に使われている食材の識別ができないことを告白しているのではないかということです。

実際、「バナメイエビ」と「芝エビ」は現物を見れば別ですが、中華のチリソース炒めにしてしまうとプロでもほとんど見分けがつかないそうです。本物とニセ物の見分けがつくかどうかで芸能人が格付けされる番組のように、グルメを自称する人でもなかなか正答するのは難しいようです。今回は、レストランの格付け本の審査員までだまされたようですので、一般の消費者がわからなくても当然といえるでしょう。

そもそも料理というものは、素材を上手に加工する技でもあります。素材の新鮮さをそのまま生かす料理もありますが、すべてのレストランが漁港の近くにあるわけではありません。むしろ素材の新鮮さに多少見劣りがしても、それをソースや火加減で補い、美味しく仕上げてこそプロの技なのではないでしょうか。

日本の高級レストランでは、○○産本マグロとか○○牛などと素材の産地を記載することが当たり前のようですが、海外の高級レストランで食事をしたときメニューに肉や魚などの産地が併記されていたケースは私の記憶でもほとんどありません。産地などよりも料理そのものの味やレストランの雰囲気、サービスの中身で勝負といったところでしょう。

それなのになぜ日本では産地を明記するのでしょうか。その理由は消費者が産地にこだわるからです。何年か前に中国産のウナギから残留薬物が検出されたとき、日本の消費者はスーパーでウナギを買うとき国産かどうかを確かめるようになりました。一見するとこれは賢い行動のように見えます。でもよく考えてみてください。もし消費者が国産にこだわり、外国産というラベルが貼ってあるだけで買わないという行動をとれば、品質のいい外国産うなぎを消費者に届けようと努力している良心的な業者は日本から撤退することになるでしょう。その一方で、何としても外国産のウナギを日本で売ってしまいたいと考える業者は、日本産と偽って市場に出すようになるでしょう。つまり、真贋の見分けもつかない消費者が産地にこだわれば、良心的な業者を締め出し、いかがわしい業者を招き寄せる結果となるのです。

このように考えれば、今回の食品偽装問題の根本的な原因がわかります。高級ホテルで出されるステーキは銘柄牛、チリソース炒めは芝エビと書かれていなければ納得しない、逆に、ブランド牛の名称が書かれていればそれだけで安心、などといった行動を客がとれば、業者に偽装のインセンティブを与えることになります。なぜなら、業者は消費者の反応を前提として行動するからです。本来のグルメとは、味の見分けがつく本物の舌を持った人のことです。食品偽装問題は、味の区別もつかないのに産地やブランドだけにはこだわる日本の消費者の行動に原因があったといえるのです。

法は常に絶対的な基準ではない

法治国家である以上、国民は法律を守らなければなりません。でも、法律は人間がつくるものです。法律によって人間の行動が制約を受け、かえって不自由な状況に置かれることは本末転倒ではないでしょうか。すべての社会現象を法の遵守という観点から見ていくと本質を見誤ることもあります。そこでも重要となるのは経済学的視点です。

アメリカやイギリスなどいくつかの国には司法取引という制度があります。刑事裁判のとき、被告が罪状を認めたり、捜査に協力したりすることを条件として、被告に対して刑の軽減や取り下げを実施するというものです。日本ではこの制度は適用されていません。

仮にこの制度を日本にも導入することになったとしたら、国民の間でどのような議論になるでしょうか。おそらく、被告が背負うべき罪の重さは、その認否に関係なく決められるべきだという意見が大勢を占めそうです。すなわち、社会のルールである法を侵したということは絶対的な過ちであって、それが取引の対象になるとは到底納得できないという考えです。それならなぜアメリカは司法取引を取り入れているのでしょうか。

経済学的には司法取引という制度も悪くはありません。たとえば、社会的な影響力の大きい事件が発生し、容疑者が逮捕されたとしましょう。ただ、決定的な物的証拠が少ないことから、裁判で被告が黙秘を続けた場合には、判決が確定するまでには長い時間がかかると予想されます。裁判が長期化することは、事件の解決を遅らせ、関係者の苦痛を長引かせるとともに、類似した事件の再発を防ぐための対策が遅れる可能性もあるでしょう。

このように社会性の高い刑事事件の場合、裁判の遅れが社会に与えるコストは大きくなります。そこで被告と検察が取引をするのです。罪の軽減を条件に、被告に真相をすべて話してもらい、社会的なコストを節約します。事件の被害者はこうした取引に納得がいかないかもしれませんが、法を侵すということがそもそも社会に対する犯罪だということを前提とすれば、社会的影響力の大きさを考慮のうえで司法取引を適用することは理にかなっているともいえるのです。

一九二〇年にアメリカ全土で施行された禁酒法をご存じでしょうか。飲料用アルコールの製造・販売・運搬などを禁じた法律です。当時のアメリカでは建国以来のピューリタニズムの影響から飲酒に対する批判が強く、それが自主規制にとどまらず、一気に法律にまでなってしまったというわけです。しかし、周知のようにこの法律はうまくいきませんでした。なぜでしょうか。アメリカ国民に法を遵守する正義感が欠けていたからでしょうか。

その原因は禁酒法が経済原則を無視した内容だったからです。どのように法で規制しようとも、国民の間にはアルコールに対する根強い欲求があります。でも、法律で認められていない物資はオープンな市場で取引することができません。そこで、ブラックマーケットが生まれ、マフィアが暗躍するようになります。バーは隠れたところで営業するようになったため、禁酒法が施行される前よりも不健全な場所となり、治安の悪化を招きました。結局、一九三三年、「高貴な実験」とも称された禁酒法は廃止されたのです。

この禁酒法の失敗は、何でも法律で規制すればうまくいくという幻想を打ち砕くものです。これは経済学の考え方と整合的です。経済学では、法規制を最小限とし、できるかぎり市場の規律によって問題の解決を図ろうとします。市場の規律とは競争による自然淘汰のことです。品質の劣るものを高く売りつける業者は、市場での競争により、良品を適正価格で売る業者との競争に負けます。そして、最終的に優れたものだけが生き残るのです。

法で規制することは、違法行為を増やし、ブラックマーケットを拡大させることにもつながります。ブラックマーケットは、その不透明性ゆえに消費者に商品情報が十分行き渡らず、数の限られたマフィアが独占価格を設定することから、不当に高い価格で商品を買わされることにもなるのです。

こうした法規制の弊害を理由に一部の麻薬や売春を合法化している国もあります。そこには合法化によって、品質の低いドラッグが出回ったり、ＨＩＶ感染が拡大したりするのを防ごうというねらいがあります。

競技場の近くなどでチケットを通常料金の数倍の値段で売る人たちのことをダフ屋といいます。日本ではダフ屋行為は違法です。しかし、一向になくなる気配はありません。なぜでしょうか。警察がしっかり取り締まらないからでしょうか。

経済学では、世の中に存在するものには何らかの合理性があると考えます[1]。ダフ屋行為が生じるためには二つ条件があります。ひとつは、通常料金のもとではチケットの発行枚数よりも購入希望者が多い状態、すなわち超過需要が発生していることです。もうひとつの条件は、通常料金より高い値段であってもチケットを欲しいという人がいることです。

消費者の主観的な評価額と通常料金との差を消費者余剰といいます。たとえば、通常料金五〇〇〇円の競技観戦チケットを一万円出しても手に入れたいと考える消費者は、そのチケットの価値を少なくとも一万円と評価していることになります。もし通常の五〇〇〇円で買うことができれば、差額の五〇〇〇円は消費者が得をした部分、すなわち余剰となるのです。

さらに、ダフ屋を利用するのはチケットオフィスの前で長時間並ぶことができない人たちとも考えられるでしょう。仕事で忙しい人は、並ぶ時間を節約するためにダフ屋からチケットを買うかもしれません。つまり、ダフ屋は長時間並ぶことを厭わない暇な人を使ってチケットを買わせ、それを忙しくて並べない人たちに売り、消費者余剰を吸い上げていると解釈できるわけです。したがって、いくら違法行為として取り締まろうと、こうした条件が整う限り、ダフ屋はなくならないのです。

因果関係の取り違い

理科の実験は、実験室を使ってさまざまな条件をコントロールできるため、何が原因となってどのような結果をもたらしたか明確にとらえることができます。ところが、社会科では、こうした実験が難しく、いろいろな現象が同時に発生するうえに相互に依存していることから因果関係を取り違えることがあります。因果関係の取り違いは、現象の真の原因をつかみづらくします。経済学的思考は、そうした私たちの陥りがちな誤りを正してくれるのです。

首都圏を走るJR東海道線や総武線快速などの通勤電車にはグリーン車という特別車両が連結されています。これに乗るには乗車券に加えて一〇〇〇円近くするグリーン券が必要となります。なぜこんなに高い料金設定をしているのでしょうか。この疑問には、「快適なシートに座って行かれるのだから高いのは当たり前」という答えが予想されます。

この答えには本質的な誤りがあります。それは因果関係が逆転していることです。座って行かれるから高いのではなく、高いから座って行かれるのです。グリーン料金が安かったら、グリーン車は通勤客で満員となり、券を買っても座れない客が続出するでしょう。これではグリーン車の意味がありません。

グリーン車は券を買って乗った人が快適な空き具合と思えるところまで料金を高くする必要があるのです。ただ、高すぎると利用してもらえなくなるので、料金がいくらになるかは、利用客が通勤時間をどう活用するかとの兼ね合いで決まってきます。

通勤電車でグリーン車を利用する人の多くは、通勤時間を有効に使いたいと考えています。満員電車だと立っているだけで何もできませんが、ゆったり座ることができれば、読書もできるし、パソコンで文書作成もできます。疲れているときは睡眠時間に充てることもできるのです。

経済学では、チャンスを無駄にすることによって失われる利益のことを機会損失の費用、すなわち機会費用といいます。満員電車で通勤することは、その時間を有効に使えば得られるはずの利益を失っているという意味で機会費用がかかっているのです。したがって、この機会費用が高い人ほどグリーン車へのニーズは高いと見るのが適当でしょう。

一流ホテルに泊まったとき、部屋の冷蔵庫に飲み物がぎっしり入っていてうれしくなったことはありませんか。でもそのあと、メニュー表の値段を見てあわてて冷蔵庫の扉を閉めたりはしませんでしたか。何しろコンビニで買えば一〇〇円程度のミネラルウォーターが三〇〇円もするのですから。なぜこんなに料金が高いのでしょうか。経済学を知らない人は、「一流ホテルだから高いのは当たり前」と考えるでしょう。

これも因果関係が逆転しています。一流ホテルだから高いのではなく、高くても冷蔵庫を利用する人が宿泊しているから一流ホテルなのです。三〇〇円するミネラルウォーターが冷蔵庫にあるということは、それを手にとって飲む宿泊客がいること、すなわちニーズがあることを物語っているのです。この部分を見落とすと因果を取り違えます。

最近ではコンビニが至るところにあるので、ホテルに戻る前に部屋で飲む酒などをコンビニで買う宿泊客が増えてきました。そうしたニーズに応えるため、ホテル内のショッピングアーケードにもコンビニがあったりします。でも、なかにはタクシーで出先からそのままホテルに戻る客もいるでしょう。ホテルに帰ってひと風呂浴びて浴衣に着替えてしまってから酒を用意しておかなかったことに気づくこともあるはずです。

それでも冷蔵庫のビールやミニバーのおつまみを節約したいと思う客は、また着替えてコンビニに買い物に行くことでしょう。一方、値段にそれほど敏感でない客や、コンビニに買いに行くのが面倒だと思う客は部屋のビールを飲むでしょう。

したがって、一流ホテルの冷蔵庫に料金の高い飲み物が置いてあるのは、そのようなホテルには高い料金を厭わない人や機会費用の高い人が客として宿泊しているからです。値段を見てあわてて冷蔵庫の扉を閉めるような人は「お呼びでない」ホテルだというわけです(2)。

木を見て森を見ず

現象の観察はついつい近視眼的になりがちですね。社会現象の場合は、社会での実体験に基づいて判断することが多いため、特にその傾向は強まると考えられます。でも、個人にとっては合理的に見える近視眼的行動も、社会全体に広がると不都合な事態を引き起こします。経済学はそうした点について注意深く観察します。

不景気になると私たちはどのような行動をとるでしょうか。給与は増えないし所得は減るので、なるべく消費を減らし節約しようと心がけます。家計のやり繰り術を説く本なども出版され、財布のひもはどんどん固くなっていきます。

こうした個々の家庭の反応自体はきわめて合理的なものです。ところが、それを国全体で考えるとおかしなことになってきます。家庭での節約は社会全体の消費を減らします。消費が減ればますます景気が悪くなり、家庭では財布のひもはさらに固くなります。つまり悪循環に陥るのです。

こうした現象を経済学では合成の誤謬といいます。個人にとって合理的な行動が必ずしも全体のためにならないという意味です。同じことが近年急速に進みつつある少子化についてもいえるでしょう。子どもを産み育てるコストが高まったことにより、子どもをつくらない家庭が増えています。経済成長の成果として年金、医療、福祉などの仕組みが充実したことにより、必ずしも自分の子どもに頼らなくてもよくなったのです。

個々の家庭における合理的選択に他人が口を挟むべきではありませんが、少子化は日本全体で考えなければいけない問題です(3)。子どもの数が減れば、遊園地、学校、産婦人科や小児科医院などの数も減っていくでしょう。子どもを対象とするビジネスは衰退産業となって、子どものいる家庭にとってますます暮らしにくい社会になっていきます。それはさらなる少子化へとつながっていくのです。

二〇二〇年の東京オリンピック開催が決まりました。国際的なイベントが開催されることは日本の存在を世界に知ってもらうという点で意義深いものですが、それ以上に期待されているのがオリンピックによる経済効果ではないでしょうか。選手村や競技場の整備は経済特需を生むことでしょう。さらに開催期間中には世界中から観光客が訪れ、競技観戦だけでなく観光やショッピングも楽しむでしょう。

こうしたイベントの経済効果はしばしば具体的な数値をもって報道されます。たとえば、ご当地グルメのコンテストとして有名な「B1グランプリ」というイベントは、毎年全国各地から六〇万人を超える来場者が集まることで知られていて、その経済効果は七〇億円とも八〇億円ともいわれています。

たしかにこれだけ人が集まれば食事や宿泊などで現地に相当規模のお金が落ちると予想されます。それをすべて足し合わせれば八〇億円くらいになっても不思議ではありません。でも、ここでひとつの疑問がわいてきます。B1グランプリに来場した人たちは普段は食事をしないのでしょうか。そんなことはありません。B1グランプリが開催されなくてもどこかで必ず食事はします。ということは、イベントでご当地グルメを食べるためにお金を落とせば、別のところでお金が落ちなくなるわけです。要するに、日本全体で見ればイベントの経済効果などというものはほとんどないことがわかります。

プロ野球球団が優勝したときの経済効果なるものも眉唾ものです。二〇一三年度のプロ野球日本一に輝いた楽天イーグルス優勝の経済効果について、仙台市に本社を持つ七十七銀行という金融機関が八四億円と推計しています。その中身は観客増や優勝セールによる波及効果をすべて含んだものです。その数値自体を否定するつもりはありません。でも、プロ野球は毎年どこかのチームが優勝するわけですし、そのときには必ず地元企業を中心に優勝セールが実施されます。さらに、優勝セールだからといって無駄なものを買うほど日本の消費者は愚かではありません。セールで安売りがあるとわかっていれば、その前後で買い控えが起きるのは明白です。つまり、日本全体や一年通して考えてみると、優勝の経済効果は大したことはないと推測できるのです。

ものごとの一面だけを見ていないか

内閣府が行っている調査のなかに、「治安に関する特別世論調査」というものがあります。最近では二〇一二年に全国二〇歳以上の三〇〇〇人（有効回収数約二〇〇〇人）を対象に実施されました。それを見ると、「日本は安全・安心な国か」という質問に対しておよそ四割が「そうは思わない」と回答しています。さらに、最近の治安について「悪くなった」との回答が八割を超えています。

こうした安全・安心に関する印象は一般に体感治安といわれています。なぜこのような結果が出るのでしょうか。実際、『犯罪白書』によれば日本における殺人の認知件数は年間およそ一〇〇〇程度で、五〇年前の半数以下です。にもかかわらず大半の人が治安の悪化を感じている理由として、刑事犯罪に関する報道のされ方を指摘する声があります(4)。つまり、時に発生する凶悪事件が大きく取り上げられ、何度もテレビ放送されることによって多くの視聴者にそれが強く印象づけられるためだというものです(5)。

こうした体感治安の悪化は厳罰化への要求につながります。内閣府による別の世論調査でも国民の八割以上が死刑存続を支持していますし、法務省も二〇〇四年の刑法改正により有期刑の最高を二〇年から三〇年に引き上げています。万引きなどの窃盗罪であっても、何度も繰り返せば刑期はどんどん長くなっていきます。こうした流れを受け、受刑者の刑務所在所期間も長期化しています。たとえば、無期懲役の受刑者が仮釈放により退所するまでの平均在所期間はすでに三〇年を超えているのです。

一般的に多くの国民は刑事事件が起きたとき、犯人が捕まり、裁判で罰が下されるところまでは注目します。でも、受刑者が刑務所でどのように過ごし、更生し、社会復帰するかについてはほとんど関心を払いません。これはとても不思議なことです。なぜなら、私たちが関心を払わない刑務所での処遇と更生保護こそが社会全体のコストを考えるうえで決定的に重要だからです。

刑事事件というのはとても費用がかかります。事件が起きれば、警察の捜査に始まり、検察の取り調べや裁判などで多くの公務員が動員されます。刑務所に入れば、年間に受刑者一人当たり三〇〇万円ほどの費用がかかります。しかも最近では受刑者の待遇も改善され、栄養士によってカロリー計算がなされた食事の提供や単独室（個室）の充実など、生活環境の点でもかなり恵まれた状態になっているのです。

その一方で、刑務所での作業は一般社会の仕事と比べると付加価値の低い単純作業が多く、ほとんど価値を生み出しません。特に最近では高齢者や知的障害者の受刑者が増えたことから、所内の工場によってはまるで福祉施設のようになっているところさえあります。

また、実際に刑務所を見学してみると、そこに長くいることがはたして社会復帰にとって望ましいことなのか疑問に思えてきます。たとえば、刑務所では朝起きてから夜寝るまで一日の時間の過ごし方が厳格に決められていて、それから逸脱した行為は規律違反として罰の対象となります。その一方で休みはふんだんに与えられています。一日の作業が終わり夕食を済ませると、就寝までの三時間ほどは自由時間です。さらに労役は完全週休二日なので土日は終日居室で読書などをして静かに過ごすことになります。このような生活は、作業時間の決められた工場などでの単純労働が巷に溢れていた時代ならいざ知らず、勤務時間が不規則で残業の多い現代社会の状況とあまりにかけ離れています。

「悪いことをした連中は刑務所にぶち込んでおけばいい」というのはきわめて一面だけを見た考え方です。刑務所はもはや「悪いやつ」ばかりが入る場所ではなく、社会で居場所を失い、生きていくために犯罪に手を染めた人たちの吹きだまりとなっているからです。そうした人たちは刑務所で罪を償って出所しても、生活の糧がなければまた犯罪を起こして刑務所に戻ってきます。それまでにかけた公費はすべて無駄になってしまうのです。

ここで大切なのは、刑務所からの出所者をいかに社会復帰させるかという刑事行政の裏の一面を見過ごさないことです。裁判でどのような判決を下すのが適当か、そして刑務所でどのような処遇をすべきかということも、そうした点から考えてみる必要があるのです(6)。

二〇一一年の東日本大震災は東北地方を中心に甚大な被害をもたらしました。なかでも福島原発の事故は、多数の避難住民を生むとともに、首都圏での電力供給不足という事態をもたらしました。これを受けて、関東では節電の必要性が叫ばれたことから、エレベータやエスカレータの稼働を一部ストップさせ、照明を落とし、エアコンの設定温度を上げるなどの対策がとられました。

供給が不足しているときに、需要を抑えること自体は不自然な行動とはいえません。ただ、ここで注目すべきなのは、首都圏の鉄道会社がほぼ一斉に駅構内のエスカレータを止め、電車内の照明を暗くするといった節電対策をとったうえで「お客様にはご理解とご協力をお願いします」とアナウンスしたことです。

このような放送をするという行為からは、公共輸送サービスを提供する鉄道会社が率先して節電という「社会貢献」をしているので、それに乗客も協力すべきというニュアンスが感じられます。でも、社会貢献をしているのは本当に鉄道会社なのでしょうか。駅のエスカレータを止めても車内を暗くしても鉄道会社は何の犠牲も払っていません。むしろ電気代を節約することによってコストを削減できているはずです。

駅のエスカレータを止められて困るのは足の不自由な人や高齢者です。また、車内の照明を暗くされて不便を被るのは弱視の人ではないでしょうか。つまり、鉄道会社は節電のためにこうした弱者へのサービスを犠牲にしたのです。さらにいえば、鉄道のような地域的な独占企業の場合、このような不便を強いても乗客は他の交通手段へと直ちに代替することはないので、安心してサービスの質を落とすことができます(7)。

サービスの質を落とさず、消費者に迷惑をかけることなく、社員が犠牲を払って電力需要を抑えることが本来の意味での節電といえるのでしょう。震災後に社会貢献をしたのは、膝が痛いのに階段を歩いた高齢者や、暗いのを我慢した弱視の人たちだったのです。ものごとの一面だけを見ていると節電の主役を見誤ってしまいます。

愛ということばに置き換えて納得していないか

人間は愛ということばに弱いようです。愛があればすべては許される、愛は打算を乗り越える、というように私たちは愛の力に全幅の信頼を寄せています。しかし、表面上は愛のなせる技のように見えることでも、その背後には冷静な経済学的思考が隠されていることも多いのではないでしょうか。愛を過信すると思わぬしっぺ返しを食らうこともあるようです。

休日の渋谷を歩くと、手をつないで歩く男女（手つなぎカップル）をよく見かけます。なぜ彼らは手をつないでいるのでしょうか。この問いに対してほとんどの人は「お互いに好きだから手をつないでいるに決まっているじゃないか」と答えます。しかし、経済学者の答えはそれとは違います。

一一月二二日は「いい夫婦」の日だといわれています。この日、あるショッピングモールが「手つなぎ夫婦」にクーポン券をプレゼントするという企画をしました。その企画を聞いて手をつなぎながら窓口を訪れた夫婦は、報道機関の取材に対して、「手をつないだのは何年ぶりかなぁ」と話していました。その夫婦はとても仲睦まじく見えました。実際、街でよく観察してみますと、手をつないでいるのはほとんど年齢が若くまだ結婚もしていないカップルのようです。つまり、「手をつないでいる」ことと「いいカップル」であることには必ずしも相関がないことがわかります。

そうだとするとなぜ手をつなぐのでしょうか。もっと正確にいえば、なぜ大勢の人が見ているところで手をつなぐ必要があるのでしょうか。わざわざ他の通行人の邪魔になるような混雑したところでつながなくてもよさそうに見えます。

この問題に対する経済学からの答えは、「周囲に対して自分たちが『いいカップル』であることを見せるため」というものです。他人に見せることが重要なのです。他人に見せることによって自分たちの愛を確認し合っているといってもいいでしょう。経済学では、このように自分たちの意志をより確実なものにする行為のことを「コミットメント」と呼びます。

たとえば、ある愛煙家が禁煙しようと考えたとき、一人静かに決意するよりも、仲間や上司のいる前で、あるいは自分のブログなどで高らかに宣言する方が効果的といえます。なぜなら皆の前で宣言してしまった手前、後には引けず、再びタバコを手に取るコストが高くなるからです。

こう考えると、こうしたカップルのほとんどが結婚前であることも説明がつきます。なぜなら結婚式や披露宴というものが最大のコミットメントだからです。多くの知人や親族が見守るなか、神前で変わらぬ愛を誓うのです。その後の披露宴では、手に手を取ってウェディングケーキに入刀し、親戚のおじさんが『愛の讃歌』を熱唱し、新婦の友人らは涙ながらのスピーチをします。これほどの祝福を受けてしまったら、おいそれと離婚などできるわけがありません。ですから、結婚式というコミットメントの済んだ夫婦にとって公衆の前で手をつなぐ必要はありません。逆にいえば、恋愛中のカップルが手をつないでいるのはまだコミットメントが足りない状態、すなわち二人の関係が不完全であることを意味しているといえます。

親子の愛は絶対的なものでしょうか。親が子どもにする行為はすべて子どもへの愛情に起因するものだとみなしていいのでしょうか。日本の社会ではそれが建前になっていて、警察も含めて周囲は親子の関係にはあまり口を出しません。でも親子間の殺人は後を絶たず、特に子どもへの虐待は表沙汰にならない部分まで含めれば相当な数に上っているように思います。

この問題は二つの側面から考える必要があります。ひとつはなぜ親が子どもを虐待するのか、そしてもうひとつはなぜそれが表面化しにくいのかということです。これを理解するためには子育ての動機を考えなければなりません。まず金銭的なインセンティブはほとんどないと思います。自営業などで子どもを後継者にしたい場合はそうした動機もあるかもしれませんが、幼児期の子どもにそこまで考えて接しているのは梨園など限られた業界だけではないでしょうか。だとすると、別の動機が必要です。経済学では利己主義的動機と利他主義的動機の二種類を考えます。簡単にいえば、前者は自分の満足のためで、後者は他人の満足のためということになります。

利己主義というといいイメージを持たない方もいるかもしれません。でもそうとは限りません。利己主義的な子育ては「自分の信念に基づく子育て」と言い換えることもできます。目先の利益や周囲の声に惑わされず、自分が正しいと思うことを貫くのです。こうした一貫性は子育てにも必要でしょう。他方、利他主義では、子どもの喜ぶ顔見たさに子育てをしているので、子どもの嫌がることは回避しがちになります。そのため、子どもの反応によっては育て方がぶれる可能性もありますが、逆に臨機応変の対応が可能という柔軟さもあります。

それでは子どもの受験に夢中になっている親はどちらの動機でしょうか。おそらく当事者の多くは子どもの将来のためを思ってのことだから利他主義と答えるでしょう。でも本当にそうでしょうか。たとえば、大学までつながる一貫校に小学校から入学させようと考えている親がいるとします。このとき、この親の選択が子どものためになるかどうかなど誰にもわからないのではないでしょうか。いったん入学してしまえば入試というものを経験せず、趣味やスポーツに没頭できるという点では子どもは感謝するかもしれません。でも裏返せば、子どもから好きな中学、高校、大学を選ぶ権利を奪っているともいえるのです。これが吉と出るか凶と出るかは誰にもわかりません。だとするならば、「子どものため」と思って行動していることも実は親の信念（＝満足）に基づく利己主義の表れと解釈できます。

子どもを叱るという行為はどうでしょうか。もちろん、子どもの将来のため今のうちに叱っておかなければという動機が考えられます。これは一見、利他主義のようです。しかし、叱られて反省する子どももいれば、反発して非行に走る子どももいます。親の干渉が子どもの自立を妨げることも起こりえます。このように子育てによる子どもへの影響が不確実ならば、親の躾の背後には「子育てはこうあるべき」という信念や「こう育って欲しい」という自らの理想像があることは否定できないでしょう。

ここで注意していただきたいのは、だからダメと言っているのではないということです。子どもに十分な判断力が備わっていないなか、親があれこれ「子どものため」と称して実行していることが実は「自分のため」であること、つまり子育てが利己主義的になりがちなことをご理解いただきたいのです。利己主義的動機の危険なところはそれが暴走する可能性を秘めていることです。なぜなら、子育ての動機が親の信念だと認めるならば、子どもの目を見ながらゆっくりと諭すのも、大声で叱りつけるのも、子どもに手を上げるのも、すべて子育てとして正当化されることになるからです。だとすると明らかな虐待が見られたとしても、周囲はそれを黙って見過ごしがちになるでしょう。何かいえば、「他人の子育てに口を挟まないで」と切り返されてしまいます。

反省も込めて振り返ってみれば、親が子どもに接するさい、常に子どもへの愛情がベースになっているとは言い切れません。親が自己都合で子どもを叱っていることもあるのではないでしょうか。子育てを子どもへの愛ということばに単純に置き換えるのは、真実を覆い隠し、問題を表に出にくくさせているように思えるのです。

大学教授と学生の恋愛は許されるのでしょうか。私の知る限り、日本で学則などに恋愛禁止と明記してある大学はないようです。恋愛自体は自由だし、愛は美しいものです。大学の構内であからさまに親しげな姿を見せることは好ましくないでしょうが、他人に気づかれないプライベートな場所であれば仲良くしても問題ないようにも思えます。

アメリカのエール大学に滞在していたとき、教員ガイドにはっきりと「教授と学生の恋愛を禁ずる」と書かれていたのを見てとても驚きました。その理由は「教授と学生は対等な立場にないから」ということでした。対等な立場でないもの同士が恋愛をするとどういう問題が起きるのでしょうか。

日本の大学で特に恋愛禁止条項を設けていない理由は、恋愛がうまくいくことを前提にしているためでしょう。トラブルは教授と学生の恋愛が失敗したときに発生します。教授は学生に対して単位認定などで絶対的な権限を持っています。そのため、学生は教授との関係に終止符を打ちたいと思ったとしても簡単に別れ話を切り出せません。好まざる関係を続けた挙句、どうしようもない状態になってから破局を迎えることになります。

こうなるともはや単純な別れ話では済まなくなるでしょう。学生は学内のセクシャルハラスメント委員会などに訴えるかもしれません。下手をすると週刊誌ネタになる可能性もあります。セクハラはきわめて主観的な判断に基づくものです。相手との信頼関係があれば通じる冗談やスキンシップも、好きでもない相手から受ければセクハラになってしまいます。信頼関係が壊れていることを教授が認識していないと、相手に対するすべての行為がセクハラに転じてしまうというわけです。

よく「カネは墓場まで持って行かれない」といいます。いくら稼いでも死んでしまったら元も子もない、生きているうちに使っておけ、という意味です。それなのに、多くの人には遺産があります。なぜ自分で使えもしない財産を残すのでしょうか。

遺産の一般的なインセンティブは子孫への愛だといわれます。これはかわいい子どもや孫が自分の死後もカネに困らず暮らせるようにと願う気持ちのことを指します。子孫が豊かに暮らすことで自分も幸せに感じるということでしょう。経済学ではこの考え方を利他主義的な遺産動機といいます[8]。

しかし、この考え方には疑問があります。もし、子どもや孫の幸せそうな顔が見たいのであれば、なぜ生前に財産を渡してしまわないのでしょうか。自分が必要とする分だけ残し、あとは贈与しても構わないように思えますね。もちろん、相続税に比べて贈与税は率が高いので、それだけ渡せる分が減ってしまうのですが、喜ぶ顔が直接見られるので死後の相続よりもはるかにまさっているように見えます[9]。

それならば別の理由を考えなければなりません。では自分のために財産を残すと考えてみてはどうでしょう。死後、子どもに分け与える財産を持っていれば、年老いて現役を退いた親でも子どもの意思決定に影響を及ぼすことができます。たとえば、自分の意に添わないような決定をした子どもには遺産を渡さないという脅しがかけられるのです。また、孫に与えるお年玉の原資を持っておくことで、正月に息子や娘たちの家族を呼び寄せることもできます。経済学ではこうした考え方を利己主義的な遺産動機といいます[10]。

さて、現実はどうなのでしょうか。大阪大学教授のC・ホリオカ氏の研究によれば、日本の遺産動機は大方の予想に反して利己主義的傾向が強いとの結果が出ています[11]。もしそうだとすれば、将来、利己主義的な遺産動機の根拠が失われてきたとき、親は財産を残さずに一生涯で使い切るようになるかもしれません。このことは、高齢者の貯蓄率を下げることにつながるので、日本全体の貯蓄率にも少なからず影響が出ると予想されます。

愛の力は貯蓄率の低下に歯止めをかけることができるでしょうか。

目に見えるものだけで判断していないか

経済学の真骨頂はまさにここにあるといえるでしょう。ここでは二つのケースを取り上げてみましょう。ひとつは「隠された真実」、もうひとつは「目に見えない費用」です。

自分の考えに説得力を持たせるには、データによる裏づけが必要となります。データは世の中を眺めてみたり、官庁などが作成している統計資料を参照したり、あるいは自分でアンケート調査をしたりすることで得られます。こうしたデータは表に出ている結果、すなわち私たちの目に見えている部分を切り取ったものです。でもその背後に実は目に見えない真実が隠されていることを私たちの多くは気づかずにいるのです。

ある教授が自分の講義に対する学生の満足度を調査しようと考え、授業中にアンケートを実施したとしましょう。そして書かれていた内容の多くが、「先生の授業は面白い」、「いつも楽しく聞いています」、「これからもこうした授業を続けてください」というものだったとしましょう。これを見て教授はガッツポーズ、「私のやり方に間違いはなかった！」

このアンケート調査には重大な欠陥があります。それは教授の集めたサンプルが授業の出席者だけからのものだという点です。欠席者が含まれていないとどのような問題が生じるのでしょうか。おそらく、欠席者のなかには、はじめのうちは教授の授業に出ていたものの、あまりのつまらなさに出る気をなくした者がいるはずです。そうした学生が欠席者の大多数を占めているとするならば、教授のとったアンケート結果はほとんど真実を表していません。

失敗の原因は、教授が意識的か否かは別として、自分の都合のいいようにサンプルを選んでしまっていることにあります。なぜなら、アンケートに答えているのが授業を面白いと感じている出席者ばかりだとするなら、アンケート結果に高評価が出るのは当然だからです。経済学では、目に見える情報だけを用いることで判断に偏りが生じることをサンプル・セレクション・バイアスといいます。

世論調査などもこれと似たバイアスを持つ可能性があります。ある政策の是非について電話によるアンケート調査を実施したとしましょう。このとき、一人暮らしまたは共働きで家を空ける時間帯の長い家庭はサンプルから外れる確率が高くなります。また、政策自体に興味のない人は面倒臭がってアンケートに応じないかもしれません。一般的に、反対の意見を持つ人ほど政策論議に強い関心を示すことが多いので、是非をめぐる世論調査では「非」の方にバイアスがかかることも予想されるのです。

「時は金なり」という諺があります。時間は誰にも平等に与えられていて、それをどう使うかは個人の自由です。でも、時間の利用には目に見えない費用がかかっていることに気づいている人は意外に少ないようです。

大学の授業をサボってゲームセンターで遊んでいる学生がいたとしましょう。その間の遊興代は全部で五〇〇〇円だったとします。さて、この学生が遊んだことによってかかった費用は全部でいくらでしょうか。多くの人は「そんなの五〇〇〇円に決まってるじゃないか」と答えるでしょうね。さらに、授業をサボったことで、授業料が無駄になったという考えもあるかもしれません。ところが、経済学ではこれらとは別の目に見えない費用の存在に注目します。

まず、授業料に関しては、年度初めにすでに払い込んでしまっていることが予想されます。このように後から回収するのが難しい費用のことを経済学では埋没費用（サンクコスト）といいます。なので授業料に相当する部分はここでの費用には算入されません。それなら費用はやはり五〇〇〇円ということになるのでしょうか。

経済学ではゲーム代という目に見える費用に加えて、目に見えない費用まで考えます。それはゲームセンターで遊んだことによって、授業に出る機会を失った費用、すなわち本章のはじめのグリーン車のところで出てきた機会費用のことです。この学生は授業に出ていれば得られたはずの知識、あるいはその知識が将来生み出すかもしれない利益を犠牲にしているのです。

ここでひとつ疑問が生まれるでしょう。はたして大学の授業はそのような利益を生み出すほど有用といえるのかという点です。もし、有用性が低いのであれば、その分の機会費用はほとんどゼロなのではないでしょうか。

残念ながらこの考えは正しくありません。なぜなら、仮に授業の有用性が低かったとしても、この学生はゲームセンターで遊ぶかわりにアルバイトをしてお金を稼ぐこともできたはずだからです。ここで機会費用にカウントされるのは、授業の価値またはアルバイト代のいずれかのうち金額の大きい方になるでしょう。

したがって、この学生のとった行動が合理的であるためには、ゲームセンターで遊ぶことから得られる満足の方が、ゲーム代五〇〇〇円プラス機会費用よりも大きくなければなりません。目に見えない費用である機会費用は経済学独特の考え方です。これを知っておくだけで社会現象を見るうえでの視野が大きく広がること請け合いです(12)。

＊　＊　＊

これまでいくつか例をあげながら経済学的思考の重要性について述べてきました。経済学をこれまで学んだことのない方にとっては、こうした思考法にある種の新鮮さを感じ取ってもらえたのではないでしょうか。それでもここで扱った事例は、経済学の基本的な内容に若干の脚色を施したものばかりです。

以下の章では、こうした経済学的なものの見方を「伝統文化」、「宗教」、「社会的弱者」という三つのテーマに応用します。これまでこうした分野は、日本人の心、信仰、福祉という観点から特別扱いされ、経済学的な合理性とは無縁の世界と考えられてきました。はたして本当にそうなのか、読者の方々には経済学の織りなす世界を存分に味わっていただきたいと思います。

注

（1）ここでいう合理性とは正当性ということではありません。法治国家である以上、違法行為は断じて許されることではありませんが、そうした行為にも何らかの合理的な理由があるという意味です。

（2）一般に温泉旅館ではそのグレードに関係なく、客室の冷蔵庫に飲み物が用意されていることが多いようです。その理由を考えてみましょう。

（3）どのような夫婦も年老いて自分で稼げなくなれば勤労世代の世話になります。貯蓄があろうとなかろうと年金に入っていようといまいと関係ありません。なぜなら、その時点で勤労世代がしっかり稼いでくれなければ、いくら資産があっても不良債権になってしまうからです。

（4）この点については、浜井浩一・芹沢一也『犯罪不安社会』（光文社新書）に詳しく書かれています。

（5）刑事事件が何度も報道される理由のひとつに、メディアによるニュース不足への対応があげられるように思います。ニュース報道の不思議は、内容が多いときには延長されるのに、内容が少なくても短縮されることがないという点です。私たちが日記を書くときは日によって多いときもあれば少ないときもあります。にもかかわらず、ニュース番組だけは必ず決まった時間枠で放送されるのです。ということはニュースが少ないときは、以前のニュースを繰り返し報道するか、それほどの大きな事件でなくても取り上げることによって対処せざるをえなくなるのではないでしょうか。

(6) 詳しくは、拙著『刑務所の経済学』(PHP研究所)をご覧ください。

(7) もし厳しい競争に晒されている外食チェーン店が節電のために店のエアコンを切り、冷水の代わりに生ぬるい水を出し、フロアの照明を落として薄暗くし、「お客様のご理解とご協力をお願い致します」と紋切り型口調でアナウンスをしたら、客は他の店に行ってしまうでしょう。こうした競争の厳しい業界における節電とは、いかにサービスの質を落とさず電力消費を抑えるかということです。実際、企業の工場のなかには節電のために夜間電力の利用に切り換えたところもありました。鉄道会社のこうした対応は、競争に晒されることのない地域独占企業の甘さを物語るものといえます。

(8) 子孫繁栄は自分の家系の繁栄という意味合いから、この考え方を「王朝モデル」と呼ぶこともあります。○○家という王朝が代々栄えて欲しいという願いを表しています。

(9) 相続税は受け取る側が納めるのに対し、贈与税は渡す側が納めるため、生前贈与した方が相続人に迷惑をかけずに済みます。このことも利他主義の考えとは矛盾します。

(10) 経済学では「ライフサイクルモデル」ともいいます。ライフサイクルとは、人間の一生をひとつのサイクルと見立て、人間はそのサイクルのなかで自分の満足を最大にするように行動しているとする考え方のことです。したがって、遺産もあくまで自分自身の満足のためということになります。

(11) 詳しくは、チャールズ・ユウジ・ホリオカ、浜田浩児編著『日米家計の貯蓄行動』(日本評論社)を参照してください。

(12) 機会費用はさまざまなケースに応用されます。たとえば、タンス預金は機会費用がかかっています。なぜならその資金を運用すれば得られたはずの収益を犠牲にしているからです。

第2章　伝統文化、その生き残りの秘密

文化はこれまで時代の世相を反映して色とりどりの花を開かせてきました。その中身は、ブームや流行と呼ばれる一過性のものから、茶道や華道のように数百年の伝統を誇るものまでさまざまです。なぜ、廃れていく文化と生き残る文化があるのでしょうか。文化にも競争があるのでしょうか。そして、なぜ政府は伝統文化を守ろうとするのでしょうか。この章では文化の持つ一般性と特殊性について経済学の視点から考えてみたいと思います。

経済学は市場での競争を重視します。なぜなら、競争を通じて優れたもの、時代のニーズに適合したものが生き残ると考えられるからです。コスト効率の悪い業者は良い業者との競争に負けて市場からの撤退を余儀なくされます。その結果、消費者はより安価で質の高い商品やサービスを享受することができるのです。

同じことが文化についてもいえます。どんなものでも世の中のニーズに応じる形で生まれてきます。

お茶は臨済宗開祖の栄西が薬餌として中国から日本に持ち込んだものですし、華道はお寺で仏様に花をお供えするという実用性から生まれたとされています。

しかし、ニーズは時代とともに変化していきます。科学の進歩によって薬品が人工的に製造されるようになれば、薬としてのお茶のニーズは縮小します。また、美しさは天然の花だけから得られるものではありません。いまでは精巧な造花もありますし、美しい色だけならコンピュータを使えば数万色を使い分けることさえできます。

それならばなぜ茶道や華道は生き残ったのでしょうか。それは実用的な商品やサービスの域から脱し、格調高い文化の形に昇華させることに成功したからなのです。

○○道として生き残る

剣術というスキルがあります。刀剣はいうまでもなく戦闘のさいに敵を倒すための武器です。実際、戦国時代までは弓矢や槍と並んで広く用いられ、その実用性はきわめて高かったといえます。ところが、鉄砲の導入によって剣の有用性は大きく後退していきます。一説に織田信長が長篠の戦いで取り入れたと伝えられている鉄砲の一斉砲火という新戦術は、騎馬に乗った武者が刀剣を振りかざして敵を蹴散らすという旧戦法をほとんど無力化してしまいました。

豊臣秀吉が実施した刀狩りと、徳川幕府の制定した士農工商の身分制度により、剣の腕を磨いて立身出世を図るという時代は終わりを告げ、刀剣は武士階級のファッションに過ぎなくなりました。世の中が平和になると、一般庶民がスキルとしての剣術を学ぶインセンティブは失われるのです。

ではその結果として剣術が消えてなくなったのかというとそうではありません。剣術は剣道となって生き残りました。日本剣道連盟によれば、剣道とは、「剣の理法（武士の精神）を自得するために歩む道」を意味するもので、その目的を「人間形成の道」としています。武士に出会ったことがないのでどういう意味か正確には理解できませんが、大雑把にいえば、剣道は「精神修養の手段」と考えていいでしょう。

単なる実用性だけでは新しい優れた技術との競争に負けてしまいます。一世を風靡した文化が消えずにその後も生き残るための手段のひとつは、文化を精神修養のための「道」に転換することなのです。「道」という表現には、ひとつの技を究めるために唯一存在する方法という意味が込められています。日本人が「野球道」や「カラオケ道」のようにさまざまな文化活動に「道」をつけたがり、そのための練習の場所を「道場」と呼んで崇《あが》めるとともに、そこから外れた行為を「邪道」と呼んで眉を顰《ひそ》めるのは、その存在に大義名分を与え、他のスポーツや娯楽との競合を回避しようとする防衛本能を表したものといえなくもありません。

その道のプロ

文化の継承のためには、門下生たちのお手本となるべき「その道のプロ」という達人の存在が欠かせません。そして達人にはお手本としての一段と高い技術が要求されます。

技術レベルの評価には客観性が必要とされます。剣道なら試合での強さがそれに当たるでしょう。しかし、文化によっては技術レベルが素人にはわかりにくいものもあります。たとえば、美しさや優雅さの評価などは一定水準以上に達すると、見る人の主観によるところが大きくなるように思えます。

このような場合、技術レベルを厳密に比較しようとするとどうなるでしょうか。審査員の主観が入り込み、評価基準をめぐって意見が分かれるでしょう。そして、抜き差しならない論争を生んだ結果として、グループがいくつかの派に分裂することにもつながりかねません。

こうしたリスクを回避するために役に立つ手段が年功に基づく評価なのです。「その道一筋五〇年」などというように、プロとして勤めた年数を高い技術の代理指標とするのです。年齢には逆転がないうえに、決まった作法を行う伝統文化の場合では、歳を重ねれば重ねるほど経験が蓄積されていくことも事実です。その意味において年功はきわめて合理的なシステムといえるのです。

達人のカリスマ性

文化にはアマチュアの愛好家やファンの存在が付きものです。こうした人々を引きつける文化の魅力とは、必ずしも達人の高い技術というわけではありません。それは、しばしば達人のカリスマ性や神秘性であったりします。

カリスマ性は達人の持つ高度な技術に加えて、しばしば家柄や格式からくる威厳によって生まれてきます。かつて人気を博した時代劇ドラマ『水戸黄門』では、助さんと格さんが高度な剣術で散々悪者を懲らしめた後、三つ葉葵の印籠という威厳を見せつけることで黄門様のカリスマ性が一段と高まるのです。伝統文化のひとつである歌舞伎界、いわゆる梨園では、音羽屋や中村屋などと呼ばれる先祖代々の家柄が達人のカリスマ性の源となっています。

一方、神秘性を高めるには生活感を表に出さないことが肝要です。その典型が皇室でしょう。皇族が御所のなかでどのような生活をしているか一般国民にはうかがい知ることはできません。むしろ、生活感のないところこそが皇族を一段高いところに押し上げ、庶民からの敬愛の対象とさせることができるのです。

伝統文化でも達人の神秘性は必須です。たとえば、大相撲の達人、横綱はただ単に相撲が強いだけの存在ではありません。元来、横綱は神前で土俵入りを奉納する最強力士に与えられた称号に由来することからも明らかなように、その存在は宗教色の強い神秘性を有しています。あの神秘的で勇壮な横綱土俵入りが横綱のカリスマ性を高めていることは相撲ファンならば誰も否定しないでしょう。

他流試合の功罪

江戸時代初期の剣術界では、諸藩の大名が徳川家に倣《なら》って剣術指南役を抱えたこともあり、さまざまな流派が誕生しました。その一方、各流派は他流試合を禁止しました。それは他流試合にはコストがかかるからです。

コストには二種類あります。真剣にせよ木刀にせよ、剣術の立会いはリスクを伴います。敗者は負傷し、場合によっては死に至ることもあるでしょう。各流派が試合を重ねるうちに門人が減少し、最終的には師匠同士で決着ということにもなりかねません。全国大会でも開催すれば優勝者以外は再起不能となるでしょう。もうひとつのコストは敗者の汚名です。立会いに敗れた流派は技術が劣るということで門弟が集まらなくなり、市場からの撤退を余儀なくされるでしょう。指南役を務める流派が負けるようでは抱えている大名の不名誉にもつながります。

しかし、他流試合の禁止は弊害をもたらしました。各流派が剣術の技ではなく構えや形などの形式美を競うようになったからです。技の進歩は鈍り、入門者は減り、剣術は存亡の危機に立たされます。この危機を救ったのが竹刀と防具の発明です。思い切り打ち込んでも相手にケガを負わせることがなくなったのです。再び競争が可能となった剣術界は息を吹き返しました。そして激動の幕末における剣術隆盛期へとつながっていくのです。

剣術の例からもわかるように、他流試合にはコストがかかります。一方、競争には業界を活性化させるというメリットもあります。茶道や華道のような伝統文化の世界では他流試合は行われません。それは他流試合のコストがメリットを上回るからです。伝統文化の世界で生きている人たちは、その中身を変えずに次世代に引き継ぐことが使命だと考えています。変わらないことこそが伝統文化の存在意義なのです。そのため、他流試合を含め、競争に対する評価はどうしても低くならざるをえないといえます。

笑いの世界の他流試合

テレビにバラエティ番組が溢れていることからもわかるように、笑いは人間の基本的欲求のひとつでしょう。面白いかどうかは主観的な判断にゆだねられますが、世代や時代を反映しているともいえます。若者が大笑いしている漫才のネタが年配者ウケするとは限りませんし、数年前にもてはやされていたお笑い芸人がいつの間にか画面から消え、話題にすら上らなくなることはよくあるからです。その一方で次から次へと新しい芸人が登場し、ブームを巻き起こしていきます。まさにお笑いは厳しい競争社会といえます。

そんななかで伝統的な笑いの世界を継承している集団があります。それは落語界で活躍する噺家《はなしか》と呼ばれる人たちです。落語の歴史は、室町時代に大名の側に仕えて面白おかしい咄《はなし》をするお伽《とぎ》衆に始まるといわれています。その後、江戸時代に入ると、職業としての噺家が大坂や江戸の決まった場所で落語を興行するようになってきます。これが今日まで引き継がれている寄席の始まりです。

落語界の興味深い点は、東京と大阪でシステムが異なることです。東京の落語家は基本的に落語協会などの社団法人に所属し、協会を通じて寄席の仕事を回してもらうことで生計を立てています。大阪にも上方落語協会という団体はあるのですが、あくまで親睦会的なものに過ぎず、実質的には大阪の落語家は吉本興業などのプロダクションに所属して活動するという仕組みになっています。

東京の協会には色物と呼ばれる奇術、声色、漫才などを専門とする芸人も所属していますが、寄席を活動の本拠としていることから、専門分野ごとに棲み分けができていて噺家が他のお笑い芸人と直接競合することはほとんどありません。しかし、大阪のプロダクションには種々雑多な芸人が混在しているので、活動の場も寄席のように定まっておらず、一般のホールでの演芸会やテレビなどのバラエティ番組などさまざまな形をとることになります。まとめるならば、東京の噺家が他流試合を行わないのに対し、大阪では落語も漫才も入り乱れ、笑いの世界で競争しているのです(1)。

古典落語という呼び名があるように、長い歴史を持つ落語もひとつの伝統文化ですから、その継承を使命とする噺家たちが存在していても何ら不思議はありません。古典落語は江戸時代における人々の暮らしを題材としていますが、ストーリーを読んでも決して古さを感じさせません。ボケ役の与太郎とツッコミ役の旦那による掛け合いは時代を超えた笑いの基本形でしょうし、夫婦の人情話はお涙頂戴的ドラマの基本路線ともいえます。噺家はそれをたった一人で、しかも手拭いと扇子だけを使って観客に伝えるのです。

大阪のように他流試合を続けていけば落語は次第に変質してしまいます。上方落語はもはや存在しないという人もいます。でも、そうした競争社会で勝ち残った噺家は芸人としての卓越した才能によって一般的な笑いの市場で大活躍をすることになります。吉本興業出身のお笑い芸人がテレビなどのバラエティ番組を席巻しているのはそのためです。

立川談志『現代落語論』（三一新書）は、落語文化の伝統維持と笑いの進化との狭間で苦悩する若き落語家の思索が綴られた名著です。弱冠二十九歳で落語という伝統文化の本質を見抜いていた立川氏の洞察力にはただ脱帽するしかありません。

家元制度

文化を次世代に継承するためには、後継者の育成が重要となります。弟子は師匠から教えを受けて技を身につけ、さらに自ら稽古に励むことによってそれに磨きをかけていきます。一般的に文化の歴史が長いほど弟子が一人前になるまで長い年月を要することが多いといえます。

華道、茶道、書道、日本舞踊などには家元制度があって、初心者は華道なら小原流、茶道なら裏千家というように、いずれかの家元の流派に属したうえで修行を積むことになります。弟子が自分の属する流派の看板を掲げて師範を務めるには少なくとも七〜八年以上はかかるといわれ、その間の道具代や授業料などのために出費もかさむようです。

元来、流派とはスキルを身につけるための方法論の違いによって生まれたものですから、その優劣を競うのであれば、なるべく短い期間で上達できるような仕組みをつくることが効率的なはずです。ですが、どの伝統文化もほぼ共通して達人になるために長い時間がかかるといわれていて、昇進のハードルをわざわざ高くしているようにも見受けられます。

さらに伝統文化の技は流派ごとに作法や道具などで高度に差別化され、特定の家元のもとで学んだ技が別の家元での昇進に役に立つことはほとんどありません。実際、小原流の師範がそのまま池坊の師範になれるなどということはあり得ません。

ビジネスの世界であれば、年齢や前歴とは無関係に、より多くの利益を上げた経営者が勝者として称讃されます。ところが、家元制度のもとでは、どんなに能力が高い人でも入門して直ちに師範になることはまずありませんし、組織のトップに位置する家元が透明性のある公開試験を通じて決められるわけでもないのです。

参入障壁

経済学ではこうした制度は参入障壁と解釈されます。上達のための長い時間や差別化された技は参入のリスクを高くします。なぜなら、中途で失敗し、別の業界へ転身するとそれまでに費やした時間がすべて無駄になってしまうからです。その世界で飯を食っていこうと飛び込んだなら、できる限り長く居続けることが成功への近道なのです。

伝統文化に多く見られる段位制度もこの仕組みの一環と解釈できます。段位というといかにも競争的に聞こえますが、実際は、外部者による途中からの参入を防ぐ意味合いの方が強いと考えられます。なぜなら、どんな実力者でも下の階級からスタートしなければならないからです。そして昇段には単なる技の習得だけではなく、流儀の価値をどのくらい理解しているかも評価の対象となります。

そもそも家元という存在自体がきわめて高い参入障壁ともいえるでしょう。家元は原則として世襲制をとっていて、適当な跡継ぎが存在しない場合は姻戚関係または師弟関係を通じた養子縁組によって継承されるのが普通です。そこには外部者が入り込めない閉鎖性があります。

もし、このような制度が存在しないとどうなるでしょうか。各流派は上達までの時間を競うようになるでしょう。なかには競争に負けて潰れる家元が出てくるかもしれません。そうこうするうちに、スピードだけなら人間も敵わないコンピュータに技能そのものが乗っ取られてしまうとも限らないのです。こうして見ると、家元制度は新規参入者との競争から身を守るための工夫だということがわかります。

将棋界の競争性と文化性

将棋は勝ち負けのはっきりした実力の世界といわれています。実際、年に一度の名人戦は最強棋士を決定する透明性の高い競争の場といえます。

そんな将棋の世界も江戸時代はガチガチの家元制度でした。幕府は将棋を寺社奉行の管轄下に置くとともに、大橋家、大橋分家、伊藤家の三つの家元を将棋文化の継承者とし、家来と同様に俸禄を支給しました。彼らのおもな仕事は、「御城将棋」といって将軍の前で将棋を指すことと詰将棋を献上することであったとされています。

明治時代になると、将棋は庶民の娯楽として国民の間に浸透していく一方、幕府という最大のスポンサーを失った家元将棋は急速に廃れていきました。こうしたなか、プロフェッショナルの棋士が復活するきっかけとなったのが、一九三七年から導入された実力名人制、すなわち現在の順位戦への移行でした。それまでの名人は推薦によって決められ、しかも終身制だったために称号としての意味合いが強く、実力ある棋士からの強い不満がありました。実力名人制の採用は、江戸時代以来の家元制度の名残を消し去るもので、競争メカニズムの導入と解釈することができます。

このように、将軍家御用達の娯楽として文化性の高かった将棋は、大衆に受け入れられるとともに次第に競争性を高めていったわけです。しかし、将棋界が一〇〇パーセントの競争市場というわけではありません。たとえば、日本将棋連盟は、プロ棋士になるためには、師匠の推薦を得て奨励会と呼ばれる養成所に入門し、二十六歳に達するまで四段に昇格しなければならないというルールを設けています。いつでも誰にでも棋士になれるチャンスが与えられているわけではないのです。

参入障壁の理由

この参入障壁はある意味では当然と思われるかもしれません。というのも将棋は独特の思考回路を駆使するゲームで、頭の働きの活発な若年期にその技を身につけておかないと大成しないと考えられるからです。実際、将棋界の実力者として知られる谷川浩司、佐藤康光、羽生善治の三棋士はいずれも二十代で名人に輝いていますし、森内俊之氏が永世名人位を獲得したのは三十六歳のときでした。彼らは皆、小学生のうちに奨励会入りし、急速に力をつけたのちに短期間で四段昇格を果たしています。

しかし、これはあくまで結果論に過ぎないでしょう。なぜなら、こうした実力者たちは参入規制を撤廃したとしても容易に名人をねらえるところまでたどり着くと予想されるからです。したがって、中途での参入を規制する理由は別の所にあると見るべきです。

真の目的は、力の衰えたかつての実力者たちが第二の職場を求めて路頭に迷わないよう、なるべく長く業界にとどまらせるためだと考えられます。プロ棋士を目指すには若いころから将棋漬けの生活を送らなければならないといわれています。学校での成績がよくても高校や大学への進学を断念する者も多くいます。そのため、苦労してプロ棋士になったあとの安定した生活保障が必要となるのです。

そこで将棋界では、プロとして成功を収めた棋士たちが簡単に滑り落ちないように順位戦の昇進基準を厳しく、降下基準を甘くしています。たとえば、新人プロが所属するC級2組にはおよそ五〇人の棋士が在籍していますが、そこからC級1組へ昇格できるのはわずか上位三名に過ぎません。一方、C級

1組から降格するのは下位五名を二度経験した棋士となります。同様に、C級1組からB級2組への昇格では三〇名中二名、B級2組からB級1組へは二〇名中二名というようによほどの実力がない限り、最上位のA級には上がれない仕組みなのです。

もし、A級からC級2組までの棋士全員によるリーグ戦で順位を決めるとしたらどうなるでしょう。おそらく名人がA級から誕生することは間違いないと思われますが、順位はより現在の実力を反映する形となり、過去の実績で食いつなぐことは難しくなるでしょう(2)。

特例措置の背景

二〇〇五年一一月、奨励会出身でありながら年齢制限をオーバーしたプロ棋士が誕生しました。その当時三十五歳だった瀬川晶司氏です。彼は奨励会で二十六歳になっても四段に昇進することができず、一度はプロ棋士になることをあきらめた人です。その後、アマチュアとして数々の大会でプロ棋士と互角の実力を示したことが認められ、特例としてプロ編入試験の受験が許されました。そして見事それに合格し、晴れてプロ棋士となったのです。

ただし、プロ棋士としての待遇は厳しいものでした。階級は基本給のないフリークラスで、収入は対局料のみ、順位戦には参加できず、C級2組に昇格するには年間三〇局以上で勝率六割五分という厳しい基準を満たさなければならないという条件が課されたのです。それでも、瀬川氏は精進を重ね、二〇

○九年には先の条件をクリアしてフリークラスからC級2組への昇進を果たしました。

これをきっかけとして、将棋界はさらなる規制緩和へと動いていくのでしょうか。あくまで私見ですが、そうなるかどうかはコンピュータ将棋の進化にかかっているように思えます。かつてはプロ棋士に歯が立たなかったコンピュータも、ついに二〇一三年には現役プロ棋士を破るという快挙を成し遂げました。近い将来、人間と対等に渡り合う日も来ることでしょう。そのとき、コンピュータよりも力の劣る棋士が将棋を生活の糧とするのは難しくなるかもしれません。つまり、コンピュータとの競争により、現行の参入障壁そのものが意味をなさなくなる可能性も出てくるのです。

将棋の将来はどうなるのでしょうか。ひとつのお手本はソロバンです。かつてソロバンは実用的な計算機でしたが、電卓の普及によって仕事の現場から姿を消しました。その代わり、ソロバンは暗算技術の習得を通じ、子どもの計算能力向上の手段として一役買うことになりました。将棋は学校で教わる勉強とは違った頭の使い方を要求するゲームです。いかにコンピュータが強くなったとしても、子どもの頭を鍛える手法のひとつとして将棋は生き残るに違いありません。

年功賃金

伝統文化における技術レベルの評価システムとして年功制が広く採用されていることはすでに述べました。将棋のような実力がはっきりと見えやすい世界であっても、現行の順位制のようにいったんA級に上がった棋士が容易には下に落ちにくい仕組みを採用し、部分的ながら年功的要素を加味しています。

伝統文化が年功制を導入する理由は、技を身につけるまでに長い時間がかかることに加え、それが特殊技能であって他の分野に転用が効かないためです。完全な実力制にすると、どんなに過去の実績が見事であっても力の衰えた者は引退を余儀なくされ、次の職場探しに苦労することになるからです。

スポーツの世界でありながら、こうした年功制を最も忠実に実行しているのが大相撲です。大相撲の給与体系はスポーツ界でもきわめて特殊なものとなっています。まず、下位の四階級である序ノ口、序二段、三段目、幕下の力士は給与がもらえません。わずかな場所手当と各段優勝した場合の賞金のみが収入源で、基本的には所属する相撲部屋に住み込んで賄い係を務めます。

十両以上の関取になるとはじめて給与が受け取れますが、その中身は二階建て構造となっています。一階部分は褒賞金と呼ばれる過去の実績に応じて受け取る給与で、二階部分は現在の番付の地位で決まる職能給に相当するものです。この一階部分に当たる褒賞金が年功賃金なのです。

褒賞金は力士が本場所で好成績を上げると加算されていく仕組みになっています。たとえば、勝ち越し一点につき五〇銭、金星は一〇円、幕内優勝で三〇円、全勝だと五〇円というように金額が決められています。年功制であるゆえんは、これが加算されるだけで減額されないという点です。つまり負け越しても減らないのです。実際にはこの加算額（持ち給金）を四〇〇〇倍した額が本場所ごとに支払われています。(3)

力士の特殊な人的資本

こうした褒賞金制度の存在があるため、力士にとってはなるべく長く現役生活を続けることが得策になります。たとえ大関まで昇進した力士であっても、平幕に陥落したからといって直ちに引退するのは考えものです。なぜなら、褒賞金は大関であるなしに関係なく受け取れるからです。

こうした年功的評価システムを大相撲が取り入れている理由は、力士独特の生活習慣によって形成される人的資本の特殊性にあります。この独特の生活習慣とは、朝稽古、昼食、昼寝、夕食、就寝という一日二食の生活のことを指しています。幕下以下の力士たちは早朝に起きて稽古に励み、ちゃんこ（力士が作り食べる料理のこと）の支度を含む部屋の雑用をこなします。問題なのは、十両以上の関取です。彼らが土俵に降りてくるのは大抵朝の九時を回っています。そして部屋では付け人と呼ばれる部下が身の回りの世話を一切してくれるのです。

このような生活習慣は一般のサラリーマンでは到底考えられません。確かに相撲界で関取といえば大変なものですが、髷を切って社会に出ればまだ二十代や三十代の若者です。部屋で殿様のような扱いを何年も受けてきた人間が、いきなり社会人一年生として上司の命令に従うことなどできないでしょう。

次に問題となるのは力士の体型です。一日二食昼寝付きの食生活は摂取したカロリーを効率よく身体にため込むための工夫です。そこに下半身強化に徹した厳しい稽古が加わることで筋肉質でありながらどっしりとした力士特有の体型が完成するのです。しかし、その体型は相撲以外の世界ではほとんど通用しないでしょう。サラリーマンなどになった日には、毎朝の満員電車で冷たい視線を浴びること間違いなしです。

さらにいままでも多くの力士は中卒の学歴しか持っていません。関取になるため、勉強などせず、ひたすら稽古に励んできたのです。これでは現役引退後社会に出たとき、就ける仕事にも制約があります。

年寄という年金生活者

どんなに長く現役を務めた力士でも三十代後半には体力の限界を迎えます。現役を引退するときです。そのさい、前に述べた特殊な人的資本は転職を困難にします。そこで考え出されたシステムが年寄制度です。

この制度は、年寄名跡を手に入れることができた力士は現役引退後も指導者として日本相撲協会に残ることができるという仕組みです。しかも、いったん名跡を手に入れればよほどの不祥事を起こさない限り、六十五歳の定年まで協会に在籍することができます。このように引退後まで丁寧に面倒を見てくれるスポーツは大相撲をおいて他にありません。

年寄の給与は役職に応じて支払われますが、年寄職位の昇進スピードは現役時代の活躍の度合いと相撲部屋の師匠としての実績によって決まってきます。一般的に横綱だった力士は出世も早くなります。一方、現役時代はさほど目立った存在でなくても、師匠として強い力士を育てれば評価の対象となります。平均的な出世を果たした年寄の場合でも生涯所得は三億六〇〇〇万円に達します。たとえば、引退したばかりの平年寄の仕事は例外なく場内警備と決まっています。「日本相撲協会」のネーム入りジャンパー姿に髷を載せた不自然な出で立ちで花道の奥に立っているのをテレビでご覧になった方も多いのではないでしょうか。そんな彼らの給与は年間で一〇〇〇万円近くもあるのです。日本一、いや世界一待遇のいい警備員でしょうね。

この不自然に見える待遇も終身雇用制のなせる技といえます。つまり給与の後払いと解釈すればよいのです。大相撲は何といっても現役力士の活躍で成り立っています。本来、彼らが興行収入のほとんどを受け取ってもいいはずなのですが、人的資本が特殊であるために引退後の生活まで協会が面倒を見なければなりません。そこで現役力士の取り分を年寄に回しているわけです。要するに年寄は相撲界の年金受給者なのです。

実際、角界第一人者の横綱といっても、他のプロスポーツと比べて驚くほど少ない給与しかもらっていません。横綱の月給は二八〇万円に過ぎません。それでも彼らが文句を言わないのは、引退後に年寄として協会に残れる可能性が高いからです。

大相撲の文化性

華道や茶道の家元制度や将棋界の奨励会のように、伝統文化では異質なものの混入を嫌う傾向があります。スポーツのジャンルに属しながらも、大相撲が数々の競争制限的なシステムを採用しているのもそのためです。たとえば、角界では原則として新弟子は序ノ口からスタートしなければなりません[4]。それは、新弟子として相撲部屋の賄い係を務めることも相撲文化の学習とみなされているからです。そして、弟子はいったん特定の部屋に入門すると自分の都合で別の部屋に移籍することが禁じられています。これは相撲部屋同士での弟子の取り合いを防ぐ働きをします。取り合いは競争につながり、競争は伝統の破壊をもたらすでしょう。

大相撲では入門のさいに年齢制限に加え、身長と体重の制限もあります。こうした制限は公明正大なスポーツの世界では明らかに参入障壁と映ります。年を取ってからプロ力士になってもよいのではないか、身体が小さくても力士になる権利はあるのではないか、体重別にして誰でも入門させよ、という意見もあるでしょう。小兵力士が巨漢力士を倒すのが相撲の醍醐味だという人もいるでしょう。

残念ながら、こうした意見は相撲の文化性という観点から受け入れられません。先にも述べたように、大相撲の最大の文化性は力士としての立派なあの体型でもあるからです。身体が大きく、腹がせり出していなければ典型的な力士とはいえません。そして力士独特の体型を作るには、大きな体格の若者がなるべく早期に角界の生活習慣になじむ必要があります。身体の小さい人が二十代後半から始めたのでは遅いのです。

小兵力士こそが相撲の魅力だという人は、午前中に本場所へ出かけていき、序ノ口や序二段の取組を観戦してみるとよいと思います。力士としての体型ができていないガリガリの若者たちの取組がいかに貧相に見えるかわかります。要するに、大相撲の主役は立派な体型の力士なのであって、小兵はあくまで主役を引き立てる脇役に過ぎないのです[5]。

さらにいえば、日本人離れした力士の体格が伝統文化としての大相撲の威厳を高めているとも考えられます。二〇〇七年に相撲部屋で若手力士が暴行を受けて亡くなるという事件が起きたさい、時の北の湖理事長は事情説明とお詫びのために文部科学省を訪れました。そのときの映像をニュースで見た私には、お詫びする北の湖よりも大臣の方が深々と頭を下げている姿がとても印象的でした。この話を持ち出したのは大臣を軽蔑したいからではありません。私が指摘したいのは、横綱まで上り詰めた人間の持つ独特の風格とその圧倒的な威圧感です。それも大相撲の文化性の表れといえるのではないでしょうか。

溜まり席の役割

大相撲の文化性は本場所を観戦する観客の態度にも表れます。好角家の知人のお世話により、一年に何度か本場所の溜まり席に座る機会をいただくことがあります。溜まり席とは土俵の周りをぐるりと囲んでいる席のことで、日本相撲協会に一定額以上の寄付をした「維持員」と呼ばれる人たちだけに与えられ、飲食も禁止されています。なぜこのような席を設ける必要があるのでしょうか。

実際に座ってみると溜まり席の存在理由がよく理解できます。そこに座っている人たちはコアな相撲ファンなのです。力士に声援を送ることもなく、勝った力士に拍手するでもなく、大声で喋ったり笑ったりもせず、ひたすら土俵を見上げています。そのような人々に本場所の土俵はガードされているのです。

なぜガードする必要があるのでしょうか。溜まり席は土俵のすぐ近くですし、手の届くところに東西の控え力士や勝負審判たちが腰を下ろしています。その気になれば土俵に駆け上がったり控え力士や審判員に話しかけたりすることもできてしまうのです。ですから、溜まり席には絶対にこうした悪さをしない客だけを集めておく必要があるのです。実際、二〇〇七年の九月場所で女性が土俵に上がろうとしたという「事件」のさいには、控え力士や勝負審判に混じって溜まり席の客も女性を取り押さえるのに協力していました。

プロ野球のスタジアムに高いフェンスやネットがあるのに国技館の土俵の周りにフェンスがないのはなぜでしょうか。プロ野球はボールが飛んできて危ないという人がいるかもしれませんが、それをいうなら、土俵溜まりにも勢い余った力士が猛烈なスピードで突っ込んでくることがあるので危険です。フェンスは酒に酔ったファンなどが乱入してくるのを防ぐためでもあります。大相撲では溜まり席の観客がフェンスの役を担っているのです。

大相撲ファンの文化性

プロ野球ファンと大相撲ファンには明らかな違いがあります。プロ野球ファンの多くが贔屓チームを応援するために球場に出かけるのに対し、大相撲ファンのほとんどは相撲そのものが好きで国技館に足を運びます。その証拠として、本場所で力士たちがいい相撲をとると、観客は東西力士に分け隔てなく声援を送り、取組後には大きな拍手で両者を賞賛するのです。

その一方で、仲間四人が宴会気分で桟敷席に集《つど》い、土俵ばかりに注目していないケースもあります。それでも別に構わないのです。桟敷席の客にとっては、本場所独特の雰囲気を味わいつつ、相撲を肴に酒を酌み交わすことも楽しみのひとつなのです。この場合も特定の力士を応援するために国技館に来ているのではありません。幕内力士の土俵入りから打出しまでの所要時間は約二時間です。その間、たった一人の力士を応援するためだけに椅子席でも数千円、桟敷席なら一人一万円以上もするチケットを買うのはあまり合理的行動とは思えませんね。

大相撲ではスポンサーから取組に懸賞金がかけられることもあります。取組前に呼び出しがスポンサーの名前を大書した垂れ幕を持って土俵を一周し、取組後に勝った力士がお金を受け取るという仕組みです。懸賞金とは大相撲好きのオーナー企業の社長などが力士を激励する意味でかけることが多く、ご祝儀や寄付のような性格を持つものといえます。一本六万円という比較的低い金額が設定されているのはそのためです。

こうした大相撲ファンの伝統的な文化性が徐々に変質し始めています。まずは観客の手拍子などの集団的応援が増えてきたことです。二〇〇五年の九州場所で横綱朝青龍が史上初の七連覇を成し遂げたさい、観客は揃ってご当地力士の魁皇に手拍子で声援を送りました。この一番に勝った朝青龍は勝ち名乗りを受けるとき涙を流しています。そのわけは大記録のかかった自分をではなく魁皇に手拍子を送った相撲ファンへの失望感だったと伝えられています。二〇一三年にも同じ九州場所で全勝の横綱白鵬が大関稀勢の里に敗れたさい、観客は立ち上がって一斉に万歳三唱をしました。

こうした態度をとる観客はもはや伝統文化の理解者とはいえません。勝者をたたえるのは大いに結構だと思います。でも、集団で手拍子をしたり万歳を繰り返したりする行為は、大相撲文化の象徴としてその屋台骨を支える横綱の権威を貶《おとし》めるものです。もはや九州場所の観客は真の大相撲ファンとはいえないのではないでしょうか。

最近見られるもうひとつの奇異な現象は特定の取組に対して集中的にかけられる懸賞金です。一本六万円という低価格が原因なのか、本来の趣旨に反し、企業の広告宣伝のために懸賞金が使われています。さほど好取組とも思えない一番を前に土俵の周囲を埋め尽くすほどの大量の垂れ幕はきわめて異様に映ります。また、連呼される企業名に観客から拍手や歓声が起こるのも実に奇妙です。

このように大相撲を支援するファンや企業の意識の変化により、本場所の雰囲気も徐々に変わり始めています。今後はこうした変化に対して相撲文化の維持・継承を使命とする日本相撲協会がどのように対処するか注目されます。

文化性を放棄した柔道

日本の伝統ある格闘技系のスポーツとして知られる柔道は、大相撲ときわめて対照的な道を歩んだことで注目に値します。柔道は、明治期に嘉納治五郎氏が古来からの柔術に「精力善用（自分が持つ心身の力を最大限に使って、社会に対して善い方向に用いること）」と「自他共栄（相手に対し、敬い、感謝をすることで信頼し合い、助け合う心を育み、自分だけでなく他人とともに栄えある世の中にしようとすること）」の精神を取り込むことによって生まれました。(6) つまり単なるスポーツではなく精神を鍛えることも目的のひとつとされたのです。

ところが、柔道を広く普及させるにはこうした精神性は部外者にとってわかりにくく、競技者拡大への障害となりかねません。そこで柔道が選んだのは、競争性を重視した国際化戦略でした。その結果、一九六四年の東京大会からオリンピックの正式種目となり、現在の世界の競技人口は九〇〇万人にのぼるともいわれています。

オリンピック種目になったということは、柔道がもはや日本独特の文化活動というよりも国際的なスポーツになったことを意味します。世界での競技人口を増やすにはルールを世界標準にあわせて明確化する必要があります。そしてスポーツは何よりも勝ち負けが重視されます。オリンピックのように国旗を背負っている場合はなおさらです。柔道の持つ技の美しさや精神性などはどうでもよくなるのは当然といえるでしょう。(7) この点は外国人力士を受け入れながらも伝統的な文化性を頑として変えようとしない大相撲と好対照です。

もうひとつ柔道には大相撲と大きく異なる点があります。それは観客に「見せる」技がないということです。大相撲に競技としての面白さはどれだけあるでしょうか。おそらく、本当の面白さは実際に体験した人でないとわからないかもしれません。それでも大相撲には競技を見せるための舞台装置が備えられています。大きな吊り屋根、行司、呼出、力士の大銀杏、そして鬢付け油の香りや番付の相撲字など競技を彩るためのさまざまな工夫が随所に施されています。ですから、取組自体が数秒で終わっても、観客は大相撲の雰囲気を楽しむことができるのです。

ところが、柔道にはそうした舞台装置がないため、基本的に競技会場に足を運ぶのは柔道そのものに興味のある人たちに限られるでしょう。そして、柔道競技をテレビで見る人のほとんどは日本選手がオリンピックでメダルを取れるかどうかに注目しているだけではないでしょうか。つまり、柔道はカネを取って観客を喜ばせるという商業性に欠けているのです。

もはや柔道が生き残るための方策はオープンな国際大会というマーケットで勝つこと以外ありません。閉鎖性を残したまま勝負にこだわることを続けていると、いい選手が育たないばかりか体罰などの不祥事の蔓延を招くことになるでしょう。

大学の文化性

最高学府である大学も文化性を持つ組織です。その文化性は、俗に象牙の塔と称されるように、世間とは隔絶された閉鎖空間で独自の環境を維持しているところに起因しています。

閉鎖性の度合いは、その学問がどのくらい特殊性を有しているかによって決まってきます。学者一人に一学説といわれるくらい高度に差別化されている分野では、家元制度のように師匠から弟子への学問の継承が重視され、学説間での他流試合は避ける傾向にあります。一方、国際的な学会や学術誌などのオープンな場において論文の優劣がはっきり出てしまうような分野では、師匠が誰かということはあまり重要ではありません。競争市場のように本人の実力によって評価がなされます。[8]

人事に関しても多くの大学では家元制度的要素が色濃く残っています。師匠に気に入られないと採用や昇進のさいに支障を来すことになるでしょう。その一方で、プロ棋士の段位のように一度教授に昇進してしまえば降格することはまずありえません。

日本の大学がこれまで閉鎖空間でこうした独自の文化的活動を謳歌できたのも、日本が学歴社会だったおかげです。研究や教育の内容とはあまり関係なく、学歴というシグナルを社会に付与する機関として大学が重宝されてきたからと考えられます。しかし、少子化と国際化が長い間日本の大学を守ってきた厚い壁を突き崩そうとしています。

日本の出生率はすでに四〇年以上も二を切った状態が続いていて、若年人口は減少の一途をたどっています。今後、学生が集まりにくくなることに危機感を強めた一部の大学は、企業にとっての戦力として学生を卒業させるべく動き出しています。そのひとつがいわゆる国際教養学部（大学）ブームでしょう。英語を中心とする語学教育に重点を置き、特定の学問にこだわらず幅広い分野を外国語で学ばせるという方式です。この種の学部（大学）は海外留学を義務づけている点でも特徴があります。こうした経験を積ませておけば、企業が新入社員を即戦力として扱うことができると考えられているからです。就職率が高くなればより多くの学生が応募してくるので経営的にも理にかなっています。

一方、研究に重きを置く大学は、少子化によって学生の質が低下することを危惧しています。子どもの数の減少は同じ定員を維持する限り学生の質の低下をもたらします。とはいえ安易な定員削減は経営を圧迫します。そこで考えたのが留学生を増やすという方法です。でも事はそう簡単に運びません。いま、世界中の大学は人口の多いアジアの優秀な学生を呼び寄せようと必死になっています。そして、そうした学生の多くは研究レベルの高い欧米の大学を目指し、それが無理なら香港、シンガポール、オーストラリアなど近隣諸国の英語が通じる大学に行ってしまいます。日本の大学が優秀な留学生を入学させるためにはこれらの国々との国際競争に勝たなければならないのです。

このように大学が国際化を目指していけば文化性の後退は免れません。日本をテーマとした日本語による講義は世界市場で注目されず人気を失っていくでしょう。代わりに英語による講義が増え、そのためにネイティブの教員を雇わなければならなくなります。学生が集まらない学問分野は肩身が狭くなり、規模も縮小されていくことでしょう。大学も文化性と競争性の間で選択を迫られているのです。

野球も文化です

プロ野球の球団は営利企業によって運営されています。でもこれまでプロ野球がらみで起きたさまざまな騒動を振り返ると、必ずしも資本の論理だけで動いているわけではないように思えます。日本のプロ野球は商業性と文化性の入り交じった複雑な存在のようです。

たとえば、二〇〇五年、投資顧問業などを中心業務とする村上ファンドという名のグループ企業が阪神電鉄の株式の四〇％程度を買い占め、同社の子会社である阪神タイガースの上場を要求したという出来事がありました。その背景として、関西随一の人気球団であるタイガースの資産としての有用性に着目した同ファンドが、親会社である阪神電鉄の経営に関与することによって球団の資産価値を上げ、株式を公開して利益を得ようというねらいがあったものと考えられます。

ビジネスの世界においてこうした買収劇は別に珍しいことではありません。まずい経営のせいで株価が下がっている企業はファンドに買収され、新たな経営陣によって経営の改善が図られます。株価が上がればファンドは利益を得ますが、経営改善によって企業は立ち直るわけですから、社会全体にとって決してマイナスになっているわけではありません。にもかかわらず阪神電鉄のケースでは、村上ファンドの買収劇に対してタイガースファンを中心に地元から大ブーイングが起きました。「ワシらのタイガースをどないすんねん」ということだそうです。なぜ現場でこれほどの抵抗があるのでしょうか。

プロ野球は実際にプレイしている選手たちにとっては生活のための職業であって、実力がものをいう競争の場です。しかし、見ているファンにとってはプロ野球は娯楽であり、日常的な会話の種であり、また子どもにとって夢の世界でもあります。ファンは球場へ出かけ、周囲の人と一体になってチームを応援することで開放的な気分を味わうことができるでしょう。すなわちプロ野球観戦の本質は観劇などと同じく一種の文化活動なのです。

プロ野球の場合、いったんある特定の球団のファンになってしまうと、そこから抜け出したくても抜けられなくなるのが普通です。経済学ではこうした状況のことをロックインと呼びます。ロックインされたファンの多くは、自分の好きな球団が現在のままいつまでも継続して欲しいと願っているのです。もし、球団が上場された株式会社であったとすると、出資者である株主の利益のために球団運営がなされることになります。たとえば、阪神ファンはチームが勝っても負けても熱心に球場に応援に来ることで有名です。それならそうしたファンの心理をうまく利用して、より利益を増やす球団経営ができるかもしれません。なぜなら、球団に入れあげているファンはロックインされて抜け出せないからです。

大株主が球団の経営権を握り、ファンのロックイン効果を利用して大儲けをするような行為をファンは嫌います。なぜなら球団を自分の子どものように愛おしいと感じているファンは、株主の利益のために入場料を払って応援しているとは思いたくないからです。

実際、アメリカのMLBでも上場している球団は存在しません。ビジネスの成功で財をなした大金持ちが文化活動の一環ないしは道楽として球団を所有しているケースがほとんどです。球団経営そのもので大儲けをしようと考えているわけではありません。金儲けを前面に出した経営をすればファンの抵抗にあうことを十分承知しているのです。もちろん、球団の赤字が大幅に膨らんだり、オーナーが野球に興味をなくしたりすれば球団が売りに出されることもありますが、そのときは別のオーナーが買い手として名乗りをあげます。

今後、日本プロ野球の球団経営はどうなると予想されるでしょうか。これまで球団のオーナーは親会社の経営者が務めてきました。そして、野球に思い入れのあるオーナー経営者でもなければ、球団はあくまで企業にとって広告宣伝媒体のひとつに過ぎませんでした。そのため、広告としての魅力がなくなったり、経営危機に陥ったりした企業は球団経営から撤退していったのです。

近年の情報技術の発達は、新しい産業や企業の台頭をもたらしました。かつて球団のオーナー企業といえば鉄道会社が定番といわれた時期もありましたが、現在ではソフトバンク、楽天、ＤｅＮＡといったネット関連企業が主役となりつつあります。これらの企業に共通していることは、カリスマ的オーナーが組織のトップとして君臨し、自分の意のままに組織を操っている点です。こうした人たちならば資金力にものをいわせ、売りに出された球団を容易に手に入れることができるでしょう。そして球団運営をより経営的な視点からとらえるようになるでしょう(9)。こうした傾向は今後も続いていくのではないでしょうか。

文化活動の担い手としてのテレビ

村上ファンドによるタイガース上場騒動と同じ年に、堀江貴文氏が社長を務めるライブドアというIT企業がニッポン放送の株式の半数近くを取得し、その傘下にあったフジテレビを手中に収めようと試みました。この動きに対して、ニッポン放送の社員は「ライブドア堀江貴文社長の発言には『リスナーに対する愛情』が全く感じられません。ラジオというメディアの経営に参画するというよりは、その資本構造を利用したいだけ、としか私たちの目には映りません」と買収に真っ向から異を唱える声明文を発表しました。このことは、プロ野球と同じく、放送業界にも資本の論理を持ち込むことに強い抵抗があることを意味しています。結局、この騒動はニッポン放送がライブドアから自社株を買い戻したうえで、フジ・メディア・ホールディングスと名前を変えたフジテレビの傘下に入ることで決着しました。

この騒動の意味を理解するためには、日本におけるテレビという媒体の特別な位置づけについて考えておかなければなりません。日本のテレビは社会に対して強い影響力を持っています。その原因として、日本では他の先進国ほどメディアの多様化が進んでいないことがあげられます。何か事件が起きると、どのテレビ局もそれを一斉かつ連続的に報道します。しかもその内容はどこも似たり寄ったりでほとんど差別化がなされていません。

経済学でいうところの公共財とは、治安や美化のように、いったん供給されると消費者がそれを欲していようといまいと強制的に消費させられる（欲していない人を排除できない）財・サービスのことをいいます。もしメディア報道に多様性があれば、国民は自らの望まない報道を拒否することができます。つまり報道を「買わない」という選択ができるのです。ところが、金太郎飴的なメディア報道が洪水のように流されると、国民は選択の自由を失い、同じ内容の報道だけを否応なしに聞かされることになります。このことはメディアが公共財化していることを意味します。

こうして人工的につくり出された公共財的性質により、多くの国民はテレビを国民の世論の代弁者であり、また文化の担い手であると考えるようになってしまったのではないでしょうか。事件を引き起こした人をカメラが執拗に追いかけインタビューするのは、国民の知る権利を保障するための行為と思ってはいないでしょうか。記者会見でしばしば見られる記者たちの居丈高な口調や嵐のように浴びせかけるフラッシュの光は権力に立ち向かう正義感の表れなのでしょうか。テレビ業界の人たちが好んで口にする「公共性」ということばは、自分たちが国民の代表者だと自認しているように見受けられます。

このような日本のテレビ業界に資本の論理を当てはめることができるとは思えません。なぜなら、公共財化してしまったメディアが株主の利益のために利用されることはあまりにリスクが大きいからです。表向きは「公共性」などといいながら、テレビ局も株式会社である以上は視聴率を上げ、スポンサーにアピールすることで利益を増やすように行動しているのです。メディアの多様化が進み、多くの国民がこうした認識を持つようになれば、買収合戦も抵抗なく受け入れられるようになるのではないでしょうか。

政府の文化保護政策

どこの国も文化振興は政府の手によってなされています。それには二つ理由があると考えられます。ひとつは、文化が国家の象徴として国民をひとつにまとめる役割を担うからです。たとえば、皇室（王室）を有する国では、皇族（王族）たちが文化の象徴として国民の尊敬を集めてきました。ただし、こうした文化特有の性格が軍国主義に利用された経験を持つ日本とドイツでは、その反省から中央政府が特定の文化に肩入れするような政策は影をひそめています。

もうひとつの理由は文化振興が国家の対外的な評判を高めるからです。民主主義の国であれば、国家予算は最も緊急性を要する国民のニーズから順に配分されるはずです。国民が飢えていれば、まず十分な食糧を確保することが最優先となるでしょう。そして、ある程度ゆとりができたころに、文化振興への予算配分が可能となります。文化にカネをつぎ込めるということはそれだけ経済が成長し、国民が豊かになったことの証拠となるのです。

文化保護政策の正当性に関する経済学的根拠は文化の公共性です。文化は国境を越え、時間を超えて直接関係のない人に影響を与えます。文化は融合し、新たな文化を生みます。そして次の世代が文化を引き継いでいくのです。こうしたプラスの影響は対価を受け取る性格のものではないため、文化の担い手にとってそれを維持・発展させようというインセンティブが弱まることから、国家の支援なしでは次第に文化が廃れていくというわけです。

文化の広まりが取引コストを下げるという点を強調する経済学者もいます。たとえば、宗教や言語は国民にとって共通の価値観を生み、異文化間での対立を避けることができます。さらに、文化を共有する人間は自分勝手な行動を慎み、全体の利益を考える傾向にあるため、文化の広まりは社会全体にプラスの効果を与えるでしょう。こうした効果は個人主義や市場主義の拡大とともに薄れていく傾向にありますから、文化振興のために政府の支援が必要になるというのです。

文化振興は必要か

その一方で、国家が文化を支援することは、「小さい政府」という市場経済重視の考え方と相容れないことも事実です。実際、アメリカでは、クリントン政権時代の一九九六年、議会多数派である共和党の圧力に屈し、ＮＥＡ（全米芸術基金）向け歳出額を対前年比で四〇％近くも削減したという経緯があります。日本でも二〇〇九年に当時大阪府知事だった橋下徹氏がそれまで大阪フィルハーモニー交響楽団に給付していた六三〇〇万円の補助金を全額カットしました。次いで二〇一三年には、今度は大阪市長となった同氏が大阪フィルへの補助金一〇％削減を決めました。

政府による文化保護への反対論の根拠としては、まず文化を認定するさいの難しさがあげられるでしょう。数ある文化のなかから何を保護対象とすべきなのでしょうか。音楽ひとつとっても、そのジャンルはクラシック、ポップス、ジャズ、演歌、雅楽などさまざまです。特にクラシック音楽だけが公共性を持つとは限りません。

そしていったん特定の文化を保護すると、それが既得権益となり、補助金の配分変更が難しくなってしまいます。一九九六年にNEAの予算が削られたさい、芸術家団体や美術館を中心として削減に反対する大規模なロビー活動がなされました。また、大阪フィルへの支援を減額した橋本市長に対しても、文化団体などから「橋下氏は文化活動に理解がない」との批判が寄せられました。

反対のもうひとつの根拠は文化保護が非効率性を生むという点です。とりわけ政府の援助によって蓄積された文化財の場合、それを有効活用しようというインセンティブが失われるおそれがあると指摘する学者もいます。たとえば、W・グランプ氏は『名画の経済学』（邦訳はダイヤモンド社）のなかで、NEAの資金援助を受ける美術館が名画を活用するのではなく、集めることに没頭するようになったと述べています。なぜなら、美術館にとって公的資金で賄った美術品の資本コストはゼロだからです。その証拠としてメトロポリタン美術館の倉庫には大量の美術品が展示されることもなく眠っている点があげられています。名画を集め保存することがはたして公共財といえるのかとグランプ氏は問いかけているのです。

日本における文化振興策

公的資金が文化振興のために流れるルートは三通りあります。第一は文化庁予算です。二〇一三年度の総額は一〇〇〇億円程度で、おもな用途は「豊かな文化芸術の創造と人材育成」に一七〇億、「かけがえのない文化財の保存、活用及び継承等」に四四〇億、「我が国の多彩な文化芸術の発信と国際文化交流の推進」に三八〇億などとなっています。金額自体はそれほど大きくはありませんが、前年度比一七％増と大きな伸びを示しています。

第二のルートは公営競技と宝くじです。たとえば、競馬、競輪、オートレース、競艇では、売上金から二億円あまりが芸術文化活動へ助成されています。一方、宝くじの収益金は、地方政府の財源として福祉・教育とならんで文化活動への助成にも用いられています。

そして第三として日本放送協会（ＮＨＫ）があげられるでしょう。能、歌舞伎、囲碁、将棋、クラシック音楽など芸術関係の番組はおもにＮＨＫ教育テレビで放送されています。また、大相撲は年六場所すべてが総合テレビで放映され、その放映権料は三〇億円を超えるともいわれています。ＮＨＫといえばＮＨＫ交響楽団（Ｎ響）の存在にも触れておかなければなりません。Ｎ響の収支報告書（二〇一二年度）によれば、経常収益三〇億円のおよそ半分がＮＨＫからの交付金で賄われています。受信料という限りなく税金に近い方式で収入の大部分を得ているＮＨＫの性格上、これらも一種の文化助成とみなしてよいでしょう。ただ、国民がこの実態をどこまで知ったうえで受信料を納めているかはわかりません。

伝統文化が生き残るには

これまで見てきたように、伝統文化は実用性を失った技術が生き残る道のひとつと解釈できます。そして文化性を高めるため、精神性や神秘性を加味し、世襲や達人のカリスマ性を持ち込み、さまざまな工夫をして今日まで生き延びてきました。それでも高度な文化性の追求には閉鎖性という副作用があります。また、差別化を推し進めれば市場は拡大しません。二一〇〇年には日本の人口が現在の半分近くまで減ることが予想されるなか、文化性だけを売り物に日本という狭いマーケットで今後も生き残れる保証はどこにもないのです。

他方、文化活動のなかには商業性を加味して生き残っているものもあります。一七世紀の「かぶき踊《おどり》」を起源とする現在の歌舞伎は、今から一〇〇年ほど前に現在の松竹株式会社の前身となる松竹（まつたけ）合名会社によって買収され、それ以来、営利企業の一事業として存続してきました。営利事業ですから赤字垂れ流しというわけにはいきません。観客を歌舞伎座に呼べるような経営努力が求められます。

文化活動にこうした商業性を導入すると関西のお笑い文化のように進化とともに変質していくリスクもあります。でも歌舞伎は、襲名披露の巧みな演出やスーパー歌舞伎の導入といった創意工夫に加え、メディアを通じた広報宣伝活動に努めるなど、文化性と商業性の融合に成功しているように見受けられます。また、二〇一三年春に歌舞伎座がリニューアルオープンしたさいには、歌舞伎俳優六三人が伝統の「お練り」を披露し、大勢のファンの目を楽しませました。こうした文化性の巧みな演出は多くのファンを引きつけ、公演の収入増へとつながるのです。

スポーツ界でも、日本のプロ野球やサッカーのＪリーグはビジネスモデルに違いはあるものの、チーム間での優勝争いを盛り上げることで商業性を高めることに成功しています。アメリカは国内だけで三億人を超えるマーケットがありますから、ベースボール、バスケットボール、アメリカンフットボール、アイスホッケーなどで競争性と商業性の融合がうまくいっています。これはヨーロッパのサッカーにもいえることです。

こうした商業性を持つことが難しいスポーツに残された道はオリンピックです。私が考える現代オリンピックの経済学的定義は、観客を楽しませる技術を持たず商業性に欠けるスポーツが生き残るため、四年に一度くらいの飽きが来ない頻度で愛国心を最大限に利用して開催されるイベントということになります。そのため、競技を見せるだけでは大勢の観客を呼べないレスリングやソフトボールにとって、オリンピック種目に採用されるかどうかは死活問題になります。また、オリンピックに選手を送り込むには強化が必要です。どの種目の選手に予算をつぎ込むかは過去の実績やメダル獲得の可能性によって決まります。したがって、オリンピックを利用して競技を盛り上げようともくろむ種目では、メダルの獲得が至上命令になってくるのです。

このように考えていくと、伝統文化が生き残っていくためには、「文化性」、「競争性」、「商業性」と

図　伝統文化が生き残るための三要素

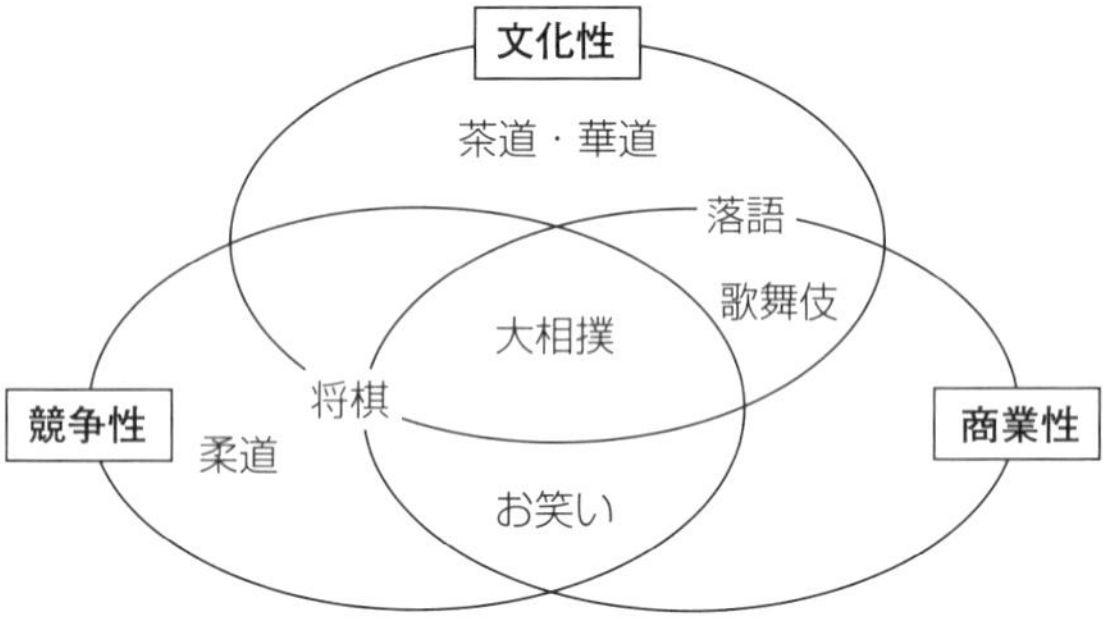

いう三要素をいかに配合するかが重要になってくることがわかります。図は、これまで本章で取り上げてきた文化活動を例にとり、これら三要素の配合具合を示したものです。

どこに位置するかについては異論もあるでしょうが、ひとつ注目していただきたいのは大相撲が三要素すべてをバランスよく配合し、図の中央に位置している点です。つまり、横綱土俵入りなどの文化的要素と、優勝争いという競争的要素と、そして化粧まわしや行司の装束など観客の目を楽しませる商業的要素のすべてを兼ね備えているのです。しかも、他のスポーツに先駆け、他国から身体能力の高い若者を招いて外国人力士を育成する一方、海外興行も定期的に実施するなど国際化へ向けての手を打っています。私はこの大相撲こそが生き残りをかける伝統文化にとって（いい意味でも悪い意味でも）お手本になるのではないかと思います。

注

（1）　二〇〇二年に真打昇進を果たした春風亭昇太という噺家がいます。彼は古典落語に派手なアクションを取り入れることにより、多くの若者たちから支持を集めています。高座も一般のホールで行います。こうした試みは落語の将来に対する彼なりの危機感の表れと解釈できるかもしれません。でも、これが一般化するとは考えられません。なぜなら彼のパフォーマンスは彼にしかできないものであって、それを伝統的に受け継いでいくことは難しいと思われるからです。このことは、彼が弟子を一人も持っていないことからもうかがい知ることができます。

（2）　今から一五年以上前、私のゼミの学生が興味深い研究をしたのでそれを紹介しておきましょう。彼の仮説は、現行の順位制は必ずしも棋士の実力を反映したものになっておらず、能力の衰えた棋士を保護する仕組みだというものです。それを実証するため、彼は人工的に棋士の実力をA級からC級2組までの階級に割り振り、順位戦のルールに従ってシミュレーションを行いました。ちなみに、彼はコンピュータが苦手だったので乱数を発生させるためにサイコロを一週間振り続けました。その結果は、二〇年経過するとB級2組の実力がC級1組を下回るという興味深いものでした。

（3）　二〇一三年三月時点での現役力士の褒賞金を見ると、断トツの一位は横綱白鵬の一二三一・五円で、そのあと横綱日馬富士、大関琴欧洲と続きますが、第四位には幕内在位八九場所の旭天鵬、第五位には同七八場所の安美錦が入っていて、大関稀勢の里や琴奨菊を上回っています。（「大相撲記録の玉手箱」http://www.fsinet.or.jp/~sumo/sumo.htm より引用）

（4）　大学相撲などのアマチュア相撲で優れた成績をあげた新弟子は、特例として幕下力士としてデビューできます。

（5）　ここで私がいう「小兵力士」とは、関脇鷲羽山や小結舞の海のような力士のことです。彼らは最盛期でも身長一七〇センチ、体重一〇〇キロ程度しかありませんでした。それに比べると、横綱にまで昇進した千代の富士（一八三センチ、一二七キロ）や日馬富士（一八六センチ、一三三キロ）は小兵とはいえません。

（6）　「日本文化いろは事典」より引用。（http://iroha-japan.net/iroha/C02_sports/05_judo.html）

（7）　日本柔道界が文化性にこだわった例をあげるならば、それは国際大会で青い柔道着を導入すべきかどうかについて国際柔道連盟で議論になったとき、「柔道着の白は潔癖さを表す」と言って導入に反対したことでしょう。でも、審判の判定のしやすさを考えれば明らかに柔道着の色を分けた方が効率的です。すでに国際スポーツになったにもかかわらず、柔道の精神性にこだわる日本柔道界のこうした行為は国際的な信用を失うことにもつながりかねません。

（8）　大学で教授が定年退職するとき、しばしば教授の学問分野に属する関係者たちが寄稿して「退任記念論文集」が作成されます。こうした論文集を発行する理由としては、伝統文化的色合いの濃い分野において、後継者が立派に育っていることを世間に示すことがあげられます。

（9）　横浜ベイスターズがＤｅＮＡベイスターズに変わってから、横浜スタジアムでの観戦チケットの販売は大幅に改善されました。ネット販売は以前より購入がしやすくなり、座席のバリエーションも増えました。また、二〇一二年の大型連休期間中には、試合を観て「熱い」と感じられなかった観客に対して、チケット代の半額または全額を返金するという顧客満足度重視の戦略を打ち出したことで注目されました。

第3章　宗教という経済活動

宗教と経済活動――これほど水と油のように相容れないものはないでしょう。キリスト教では、経済活動というのはエデンの園で禁断のリンゴを口にした罪深い人間が下界において与えられた罰だと解釈されています。イスラム教でも利子目的の金貸しを禁じるなど経済活動に対する制約があります(1)。そして、仏教は自己の欲求を満たすための経済活動そのものが人間の苦しみの源となるこだわりの原因だとしています。

このようにどの宗教も経済活動を抑制する傾向を持つには理由があります。人間は黙っていても欲求の充足に走る存在だからです。ひとつの欲求が満たされればさらにその次というように際限なく欲求が膨らんでいきます。獲物を捕獲して満腹になればあとは昼寝をしているようなライオンとは違うのです。そして、渇望は精神的な不安定さにつながり、欲求のぶつかり合いは紛争の種にもなります。経済活動の結果として生じる貧富の差は、それがあまりに拡大すると社会不安を増幅します。そうした人間の行動に待ったをかける役割を果たすのが宗教なのです。

宗教は教祖が悟りを開くことから始まります。そして教祖の説く教えに感銘を受けた人々が集い、弟子となって教団を形成します。教祖亡きあとは、弟子が教えの伝道者として一般大衆に教義を広めます。その過程で、教団にプロとして専属する出家者と、俗界で生活を営みつつ信仰を守る在家信者と呼ばれる人々に分かれていくのです。(2)

この出家者と在家信者という区分が信仰という宗教サービスを取引する市場のスタートとなります。なぜなら、出家者はプロの宗教者ですからサービスを供給することで生計を立てなければならないからです。一方、サービスの買い手は在家信者です。在家信者は俗世間での経済活動にどっぷりつかっているので、時に出家者による適切なガイダンスを必要とします。

こうした宗教サービスに関する取引を経済学の視点から分析するのが、宗教の経済学（Economics of Religion）という比較的新しい学問分野です。本章はこの宗教の経済学の観点から、仏教を中心とする日本の信仰市場にスポットを当ててみたいと思います。

信仰に対する需要

人間はなぜ宗教に頼るのでしょうか。この問いに対する古典的な答えは、科学がすべての現象を解き明かせないからという単純なものです。近代以前の人々は自然災害を引き起こすような天変地異が生じると、それを神仏のなせる技だとして怖れたといわれています。なぜなら、民俗信仰も含め、一般に宗教では世界は超人的な力によって形づくられたと考えられているからです。医学が未発達な時代においては、疫病はひたすら神仏に祈ることによって沈静化を図るしかなかったでしょう。古代国家が宗教を統治の手段として用いていたのはそのためと考えられます。

しかし、科学が進歩すると、それまで神秘的と思われてきたことが自然法則に従って起きた現象とわかってきます。このことは宗教の守備範囲を狭めることにつながるでしょう。実際、ガリレイはコペルニクスの地動説を支持したために宗教裁判を受けることになりましたし、ダーウィンの進化論はアダムとイヴの神話に反するとしてローマ教皇庁から百年余りも否定され続けたのです。

科学の目的が神秘性の解明であるとするならば、文明が進歩し、科学が発達すればするほど人々は宗教に頼らなくなり、信仰に対する需要も減少していくはずです。すなわち、科学の発達レベルと宗教は逆相関という法則が成り立つと考えられるのです。

アダム・スミスの信仰市場論

この法則に従えば、科学技術があまり普及していない国・地域の人々ほど宗教に熱心で、科学の発達した国では宗教に無関心ということになります。すなわち、信仰市場が活発かどうかは科学で解明できないことの多さ、すなわち、もっぱら宗教に対するニーズの大きさによって決まるというわけです。

この仮説に異を唱えた経済学者がいます。シカゴ大学のL・イアナコーン教授です。彼は経済学の始祖アダム・スミスの『国富論』から次のような引用をしています。

宗教の伝道者のなかには信者の自発的な布施に頼って生計を立てるものと国家からの資金に依存するものがいるが、その頑張りや熱心さに関しては圧倒的に前者の方が強い。伝統的な宗教における聖職者たちは既得権益のうえにあぐらをかき、人々の信仰心を深めようという努力をしない。そこが常に新興宗教の狙い目となるのである。(Smith, A., *Wealth of Nations*, pp. 740-741より筆者訳出)

これは宗教の世界にも競争市場の原理が働くということを説明しています。この仮説の正しさを裏づける根拠として、イアナコーンはいくつかの国を例としてあげています。まず、キリスト教ルター派が大勢を占める北欧四ヵ国、デンマーク、フィンランド、ノルウェー、スウェーデンでは、教会は国営、司祭は公務員として政府の手厚い保護を受け、市民の九割以上は教会のメンバーとなっています。そして教会を運営する費用は市民から徴収した教会税によって賄われます。その一方で、これらの国における市民の日曜礼拝への参加率は三〜一〇%に過ぎないと指摘します。これはアメリカなど他国のプロテスタント教会における礼拝参加率と比べても断トツに低い数字となっています。

でもこの事実は北欧の人々の信仰心の低さを物語るものではありません。なぜなら、こうした国々でもルター派以外のキリスト教は五割以上の礼拝出席率を達成しているからです。宗派の違いを割り引いたとしても、出席率の低さの原因はルター派教会の市場独占にあるというわけです。

イアナコーンが次に取り上げるのはアメリカにおける信仰市場です。植民地時代のアメリカではピューリタニズムの流れをくむキリスト教合衆派、そして英国国教会、長老教会などの宗派が各州の援助を受けて教会運営を行っていました。ところが、合衆国独立後の憲法制定で信教の自由が明文化されると、メソジスト派やバプテスト派など新しい宗派が次々と誕生し、州の保護下にあった旧宗派は大量の転向者を出して急速に勢いを失っていったとされています。その一方で、こうした競争が進むにつれて、一七七六年の独立時には人口の一七％に過ぎなかった教会メンバーが一九〇六年には五割以上にも達したといわれています。

もうひとつの例はなんと日本です。軍事一色となった昭和初期の時代、政府は国全体を戦争一本に向かわせるため、神格化された天皇を柱とする国家神道への絶対的な帰順を国民に強要しました。仏教寺院に対しても、僧侶の出征や梵鐘の供出などを通じて戦争への協力を要請しました。第二次大戦が終結すると、政府による宗教統制が撤廃され、新憲法では信教の自由が謳《うた》われました。その結果は、雨後の筍《たけのこ》のような新興宗教の誕生でした。戦後からわずか四年間で四〇〇を超える新教団が創設され、一五〇〇あまりの神社、寺、教会が所属宗派を脱退し、新たな宗派を設立したとされています。規制緩和によって戦時中の宗教統制により抑えられていたニーズが一気に吹き出したためだとイアナコーンは指摘します。

以上の例からもわかるように、ある国で宗教が盛んかどうかは国民に原因があるのではなく、政府がどのような宗教政策を採用しているかによって決まってきます。言い換えれば、宗教に対するニーズはいつの時代にも存在している一方で、そのニーズに応えるべき教団の活動がどのくらい活発かどうかが決定的に重要ということになるのです。

日本人の信仰心

総じて日本人は宗教に関わる話が苦手とされています。何か特定の宗教を信じているかと問われると答えに窮してしまうことも少なくありません。本来どこかのお寺の檀家であれば仏教信者ということにはなるのですが、仏教の教えについて大した知識も持たないため、「一応は仏教徒ですが……」などとお茶を濁すことになってしまうのです。

『宗教年鑑』（文化庁）によると日本には宗教法人格を持つ仏教寺院が七万六〇〇〇ヵ寺もあることがわかっています。信者数は六〇〇〇万人にのぼるともいわれています。にもかかわらず、頻繁にお寺にお参りに行く人はそれほど多いとはいえません。葬儀や法事の日を除けば、ほとんどのお寺は閑散としています。一方、浅草の浅草寺、長野の善光寺、鎌倉の大仏（高徳院）、そして京都の金閣寺などの有名寺院はいつも人でいっぱいです。こうした現象はどのように説明されるのでしょうか。

正月、節句、七五三の時期になると神社がにぎわいを見せますね。東京・明治神宮には毎年三〇〇万人以上の初詣客が訪れます。そして教会は近年の若いカップルが結婚式をあげる場所として人気があります。東京・四谷にある聖イグナチオ教会のホームページには結婚式に至るまでの手続きや結婚に関するアドバイスなどが掲載されています。

こうした状況を反映して、『宗教年鑑』には面白いデータが掲載されています。なんと、日本の諸宗教の信者数を合計すると二億人を優に超えるのです。つまり日本人は複数の宗教を掛け持ちしていることがわかります。

こうして見ると、日本人に信仰心がまったく存在しないわけではないことがわかります。ただ、大半の人は特定の宗教を信じてはいないようです。この事実については民俗学的あるいは宗教学的な説明が当然あるでしょうが、ここでは経済学の視点からこの問題にアプローチしてみたいと思います。

なぜお寺に行くのでしょうか

人々が何を求めてお寺に行くか考えてみましょう。おもな目的は三つあると考えられます。第一に国宝や重要文化財などに認定されている建造物や仏像を見学するといった類の観光、第二に病気平癒や家内安全などの祈願、そして第三に葬儀や法事などの弔事です。このうち、観光を目的としてお寺に行く場合、宗教的な意味合いは薄いでしょう。紫陽花《あじさい》の季節に鎌倉の明月院を訪ねたり、紅葉が彩りを添えるころ京都の諸寺を散策したりするさい、その寺の宗派がどうだとか住職が誰かとかいうことはほとんど関係ありません。その時々に応じて観光に相応しい場所を選ぶのです。

祈願目的になると宗教色が出てきます。たとえば、長野・善光寺の本堂手前には、釈迦の弟子で羅漢《らかん》の一人でもある賓頭盧《びんずる》を象《かたど》った木像（おびんずるさん）が置かれています。この木像には、参拝者が自分の抱えている病気の箇所をさすると治癒するという信仰があって、いつも人だかりができています。長年にわたって多くの人に撫でられ続けたためか、木像の目、鼻、耳などは本来の形をとどめないほどにすり減っています。他にも厄除けや水子供養などを専門に扱うお寺も数多くあり、心の平安を求める現代人のニーズが高いことを物語っています。

こうしたお寺にはリピーターがいます。善光寺で開催される恒例の年中行事には必ず参加するという人は少なくないと聞きます。また、前厄、本厄、後厄でそれぞれ別のお寺に行くことはあまりないでしょう。とはいっても、他にも厄除けを専門とするお寺や、年中行事で有名なお寺は数多く存在するわけですから、信者サイドには選択肢があります。自動車をよく運転する人があるお寺で交通安全祈願をした帰り道に不運な交通事故に遭遇したら、次は別のお寺にしようと思うのではないでしょうか。また、どのお寺で祈願していいかわからないときには、周囲の評判を聞いたうえで好きなところを選ぶということもありえます。

最後の弔事に関しては、前の二つと大きく異なる特徴があります。それは、あらかじめどこのお寺に行くかを決められているという点です。仏式の葬儀は死者を成仏させることが目的で、そのための儀式を執り行うのが僧侶の勤めです。遺族に菩提寺があれば、そこの住職に頼むことになります。そして弔問客も決められたお寺ないしは斎場に行くしかありません。要するに選択肢はひとつだけなのです。

本来、信仰というサービスの特徴はその強固さにあると考えられます。いったんある信仰を持つと、容易には他の信仰に移りません。その点からいうと、京都や鎌倉の観光寺は信仰サービスを提供しているとはいいづらいでしょう。善光寺のような信者寺の場合は、リピーターが多いため信仰といえるかもしれませんが、他にも選択肢がありうることを考えれば、その関係は強固とはいえません。したがって、厳格な信仰と呼べるのは、檀家の弔事を担当するお寺（檀家寺）のケースだけなのです。はたして檀家と寺は固い信仰によって結ばれているのでしょうか。この問題を考えるためには、まず日本の仏教史をひと通り見ておく必要があります。

はじめは聖徳太子から

個人にとって宗教は心のよりどころとなりますが、国家にとっても宗教は国民をひとつに束ねるという利用価値があります。日本で初めて本格的に政治に宗教を取り入れたのは聖徳太子だといわれています。六〇四年に制定された十七条憲法は、その第二条に、「篤く三宝を敬え。三宝とは仏・法・僧なり。」とあり、仏教を倫理の中心にすえようという意図が見られます。

東大寺に大仏が建立され日本各地に国分寺が建てられた奈良時代は、国家が最も仏教に肩入れしていた時代といえるでしょう。しかし、アダム・スミスが説くように、国家が宗教に関与すればするほど宗教活動は活気を失います。公務員となった僧侶は仕事の領分が制限されたため、進取の精神を失って地位に安住する者が現れるようになりました。その一方で道鏡のように法王と名乗って政治に強い関心を持つ僧侶も現れてきました。

こうした事態を打開するため、桓武天皇は京都に都を移し、奈良仏教から距離を置いたうえで、留学生を唐に派遣して新たな仏教の取り入れを図りました。学問に競争原理を導入しようという試みです。その結果、最澄や空海といった優秀な学生が密教を日本に持ち帰り、奈良仏教に対抗する勢力が誕生しました。最澄は比叡山に仏教の総合大学をつくり、優秀な人材育成の礎《いしずえ》を築きました。他方、空海は中国密教を発展させて独自の仏の世界を生み出し、それがのちに一世を風靡する神秘的な真言密教のきっかけとなったのです。

革新的な新興勢力も時間の経過とともに次第に保守性を身につけるのは世の常といえるでしょう。密教はその神秘性ゆえに平安貴族たちから加持祈禱の手段として重宝がられているうちに、学問としての発展性を失い、密教の作法そのものの開発に力を注ぐようになってしまいました。これは空海があまりに偉大な存在であり、後の人間が彼を超えるだけの発想を持ちえなかったためでもあります。

信仰市場を活性化させた新規市場

いったんある特定の宗教ががっちりと信者の心をつかんでしまうと、そこに別の宗教が割り込み転向させることは容易ではありません。したがって、新しい信仰が広まるためには、新規市場を開拓する必要があります(3)。

平安時代に流行した加持祈禱は、僧侶によるさまざまな道具を駆使した儀式を必要としたためコストがかかって一般大衆向きではありませんでした。さらに、神秘性というと聞こえはいいのですが、ある意味では不気味な世界ともいえるわけで、どことなく暗いイメージがつきまとうことも否定できませんでした。平安時代末期に台頭してきた武士階級や一般大衆の宗教ニーズは密教のような現実離れした宗教儀式ではなく、日常生活のうえで心の安息を求めるところにあったのです。そんななかで登場した浄土の教えと禅の教えはまさにこうしたニーズに応え、新規市場を開拓する役割を果たしました。

浄土の教えは、人間をひとりでは悟りの開けない弱い存在、すなわち凡夫《ぼんぶ》だとし、南無阿弥陀仏と唱えることで仏の力を借りて西方浄土に生まれ変わることを目指すものです。権力や財力を持たない一般庶民を救済するにはこれほどわかりやすい教えはなかったでしょう。一方、禅の教えは、日常生活すべてが仏になるための修行（坐禅）とみなすことによって、特別な儀式なしでも仕事に一生懸命励めばよいという実に利便性の高いものでした。

ここで興味深いのはこうした新規市場の開拓にかつて改革者だった比叡山が抵抗したことです。浄土宗開祖の法然をはじめ、親鸞、道元、栄西はすべて比叡山出身です。それゆえに、比叡山は彼らに念仏停止や京都からの追放などの圧力をかけ、布教活動を中止させようとしました。第2章で述べた文化の保守性を示す事例といえるでしょう。

檀家制度の誕生

鎌倉、室町時代を経て戦国時代に至る過程で、有力寺院は広大な荘園と武装した僧兵という経済力と軍事力を背景に、大名なみの治外法権を有する存在となりました。なかには本願寺顕如《けんにょ》のように一向宗（浄土真宗）門徒を率いて一国を形成するほどの勢力を持つものも登場してきました。

戦乱の世を終結させて誕生した徳川政権は、安定した幕藩体制を維持するための宗教政策に工夫を凝らしました。宗教がその求心力を利用し、時の政権に対する国民の不満を束ねて反乱を起こすことを警戒していたからです。そうならないための有効な方法は、教団に熱心な布教活動をさせないようにすることです。

歴史を振り返ればわかるように、宗教は弾圧されれば抵抗し、結束が強まった信者たちの信仰はより強固なものとなります。また、他の宗教との競争は布教活動を活性化させ、信仰を深めるきっかけともなります。そこで幕府が考えた戦略は、布教を禁止するのではなく、布教するインセンティブをなくしてしまうということでした。これは実に巧妙な宗教政策です。なぜなら既存の宗教に特権を与えて信者を独占させるとともに他の宗教を禁じてしまえば、もはや布教の意味が失われてしまうからです。

徳川幕府は、日本各地に散らばる仏教寺院に対し、近隣住民を檀家として登録するように命じました。この寺請制度（俗に檀家制度）は、住民にとってキリシタンでないことの証明になる一方、寺院に対しては安定した信者が与えられることを意味しました。さらに寺が作成した檀家登録台帳、すなわち宗門人別改帳は幕府にとって住民戸籍の役割を果たしたのです。

政府による保護というアメだけを与えると宗教は堕落します。そこで幕府はあわせて諸宗僧侶法度を出し、僧侶の倫理規定として学問に精を出し、質素な生活を送るように命じました。

檀家制度の功罪

信者を集めるための布教活動をする必要がなくなったお寺は、檀家に対するサービスをおもな仕事とするようになりました。その中身は葬儀や法事などの儀式と仏教思想に基づく年中行事を執り行うことです。その見返りとして、お寺は檀家から布施、寄付、そして労働提供などを手に入れました。仏教本来の考え方には死者を弔うという発想はありませんでしたが、江戸時代の僧侶は人々に受け入れられやすい儒教の考え方や土着信仰と仏教をミックスさせ、定期的に先祖の菩提を弔うことを美徳として檀家に習慣づけました。さらには、釈迦《しやか》関連の涅槃会《ねはんえ》、灌仏会《かんぶつえ》、成道会《じようどうえ》、輪廻思想関連の盂蘭盆会《うらぼんえ》、施餓鬼会《せがきえ》、そして各宗派開祖関連の報恩講《ほうおんこう》、御影供《みえく》などの行事を頻繁に催して檀家を寺に招いたのです。

こうした菩提寺と檀家の密接な関係が地域コミュニティの形成に大きな役割を果たしたことは否定できません。現在のように公的機関が発達しておらず、職業も細分化されていない時代にあっては、住民の戸籍係を務めるお寺が公の仕事を担っていたと推測されます。実際、寺の境内を利用した庶民の学校として知られる寺子屋は、江戸時代の初等教育機関として近代化以前の日本における知的水準の維持に貢献したといわれています。現在でも地方にあるお寺のなかには、地域コミュニティの中心的存在として機能し続けているところもあります。

安定した顧客の存在はサービス事業者の緊張感を失わせます。これは宗教活動も同じです。幕府の戸籍係としてのお寺には、あらかじめ信者が割り振られていました。いつも同じ人間を相手に代わり映えのしないサービス提供を繰り返していれば、次第に新進の気鋭は失われていくでしょう。宗教本来の役目である信者を教化するという仕事もやる気が起きるとは思えません。檀家制度のもとで宗教活動が次第に形式だけのものとなり、本来の意味を失っていくのは当然のことです。こうした状態が二六〇年も続いたことで、多くの日本人にとって仏教は単なる儀式のための作法に過ぎなくなってしまったのです。

新興宗教の攻勢

檀家制度はお寺と檀家との信頼関係（寺檀関係）を前提とした長期契約を保障するものです。したがって、世の中にさほど変化が見られない安定した状況においてはうまく機能する仕組みともいえます。

明治以降は僧侶の妻帯も許可されたため、住職は世襲化し、寺と檀家との関係（寺檀関係）は世代をまたいでますます強まりました。この安定した関係に最初の変化が訪れたのは第二次大戦終結からしばらく経ったのちのことです。それは、戦後のベビー・ブームと地方から都市部への集団就職によって生まれた新規市場の誕生でした。

明治以後、名字を名乗るようになった一般庶民は、それまでの個人墓から先祖代々の家族墓へと移行するようになりました。それを機に村のあちこちに散在していた墓を菩提寺に移し、墓の管理と先祖供養を住職に依頼するようになったとされています。江戸時代以来の檀家制度が現在に至るまで根強く残ったのは、家族墓が菩提寺の境内にあったためです。つまり、お寺と檀家は、仏教信仰というよりもむしろ先祖代々の墓を媒介として強固なつながりを維持してきたといえるのです。

先祖代々の家族墓では墓の維持がとても重要になります。一般に墓守は長男の役目で、家から出た次男や三男は別に自分の墓を持つことになります。たとえば、長男が実家の家業を継ぎ、次男は都会に出て就職する場合、次男は実家の墓とは縁が切れてしまいます。もしも次男が熱心な仏教信者であり、実家の宗派の教えを深く理解しているならば、都会へ出ても同じ宗派のお寺を探し、そこに墓を建てるでしょう。ところが、寺檀関係が単なる墓だけのつながりに過ぎないのであれば、都会へ出て行った次男は何の宗教にも属さない信仰市場への新規参入者となるのです。

これが新興宗教のねらい目となりました。お寺は檀家制度のもとで長年にわたって太平の世を謳歌したため、信仰を広め信者を獲得するという宗教が本来磨きをかけておかなければならない技術を失っていたのです。そのため、都会に出てきた多くの元檀家をつかみ損ね、猛烈な信者獲得攻勢をかけた新興宗教に市場を席巻される結果を招いたといえます。

また新たな変化が

戦後の高度成長期は人口が増加し、経済のパイも拡大していたので、新規市場で信者をとり損ねてもさしたる影響はなかったかもしれません。しかし、次の波はそう簡単には避けられそうにありません。それは少子高齢化と核家族化の進展、そしてＩＴの進歩がもたらす市場経済型社会の到来です。

人口減少がすでに始まった日本では、どの業界でも若者の関心を引こうと躍起になっています。プロスポーツ関係者もファンとしての子どもの取り込みに懸命です。この点はお寺も同じです。お寺の年中行事に参加しているのがほとんど高齢者であることを考えれば、この先お寺を訪れる人がいなくなるかもしれないという危機感を持っても不思議はありません。

子どもの数が減少すれば必然的に墓地の数も減っていくでしょう。たとえば、一人っ子同士が結婚すれば家族墓はひとついらなくなります。そのため、最近では結婚を機に両家の名前を並べて刻んだ墓石をたて墓を統合するケースも出てきています。さらには、夫婦で四人の親の葬儀を出さなければならないことから葬儀費用を節約しようという動きにもつながります。

最近はやりの「直葬《ちょくそう》」という方式は、病院で患者が亡くなると遺体を直ちに火葬場に運んで荼毘《だび》に付してしまうもので、僧侶による葬儀は行われません。そのため時間はかからず、費用も抑えられます。『知恵蔵』（朝日新聞出版）によれば、すでに関東圏の葬送は五件に一件が直葬で済ませているそうです。

核家族化もお寺経営にとってはマイナスです。なぜなら、一般に先祖供養の習慣は祖父母から教えられて身につくケースが多いからです。核家族社会では先祖供養のための仏壇や位牌などは実家に置いてあることが多いため、祖父母と離れて暮らす都会の子どもは仏壇の前で手を合わせる機会が少なくなります。

こうした事態に拍車をかけているのがこれまで安定していたはずの寺檀関係に生じた変化です。情報化社会の進展により、ＩＴ機器を使いこなす若い世代の人々は固定的な取引関係を必要としなくなっています。インターネットにアクセスすれば、そこには商店やレストラン、ホテルなどのサービス情報が溢れています。サービスの質の評価などもあわせて掲載されていることが多いため、特に馴染みの店を作らなくても、気が向いたときに好きな場所を選ぶことができます。

本来、こうした市場経済のマイナス面は、多種多様な財やサービスのなかから信頼できるものを選ぶためにコストがかかるという点です。だからこそ、これまで私たちは先祖代々の菩提を弔うという大切な仕事を信頼できる菩提寺の住職に任せてきました。でも、若い世代の人たちが先祖供養を形式的なその場限りの儀式に過ぎないと考えるようになれば、長期的な相互の信頼を柱とする寺檀関係には頼らなくなるでしょう。時と場合に応じて、それこそネット上で適当な僧侶を探してくれば事足りてしまうのです。

「墓質」も万全ではない

数多くの檀家を抱えるお寺はこうした危機感を持たないかもしれません。なぜなら、墓が境内にある以上、檀家が他の寺に葬儀や法事を任せるとは考えられないからです。私がインタビューしたある住職はこれを「墓質」と呼びました。墓を質にとられている檀家は菩提寺の住職のいいなりという意味です。

それならば墓を別の場所に移せばいいという考えもあるでしょう。確かに、墓に引っ越しがあってもおかしくありません。でもこれを実行するのは簡単ではありません。まず、現在の墓地を更地に戻したうえで菩提寺に返上します。菩提寺との契約はあくまで永代使用権のやりとりですので、特に契約書に明記されていない限りは返上に対する見返りはないのが普通です。遺骨をカロートから取り出すには特別な供養が必要となります。次に、新しい墓地の永代使用権を取得し、そこに墓を建てます。それなりの大きさと品質の墓石を購入するには数十万円はかかるでしょう。以前のものをそのまま使うのであれば、重い墓石を運ぶ輸送代を負担しなければなりません。そして、役所に改葬届を提出します。ＮＨＫの調べによればこうした諸々の手続きに要する費用は三五〇万円ほどになるといいます[4]。

これほどの手間を考えると、墓を移す人が今後急激に増えるとは思えません。その意味では墓質はまだ有効といえるでしょう。ただ、問題となるのは新規需要の減少です。墓質をとられることがあらかじめわかっていれば、新規に墓を持とうという人は寺の檀家になるのを避けるのではないでしょうか。おそらく霊園墓地など宗派とは無関係のところと契約し、法事のさいには自分の気に入った僧侶をその都度選ぶことになるでしょう。

お寺のなかにはこうした傾向を逆手にとって顧客を増やそうという動きもあります。たとえば、宗派を限定しない墓地経営です。毎月の管理料さえ納めれば、追加的な寄付や行事への参加を強制しません。他にも、遺骨を土に埋め、その場所に苗木を植える樹木葬という比較的安価な埋葬法をアピールする寺院もあります。永代供養墓も最近の流行のひとつです。従来は無縁仏となった遺骨を合祀するための墓地という扱いでしたが、最近ではじめから永代供養墓への埋葬を希望する人が増えてきているようです。そうした動きの背景としては、墓守をする子どもがいないことや先祖と同じ墓を望まない夫婦や独身女性の存在があるということです。

今後はこうした墓地の多様化もますます進んでいくでしょう。檀家がいるからといって安心してはいられないのです。

宗教サービスの解釈

宗教サービスが他の財やサービスと同じ感覚で取引されるようになれば、それを提供する業者が宗教法人格を持つお寺でなければならないということもなくなるでしょう。実際、マンションの一室を借り受け、電話一本で葬儀に駆けつける「マンション坊主」という営業形態もあるそうです。なかには宗派から教師資格を得ていない僧侶もいるらしく、これが宗議会での議題になることもあると聞きます(5)。

お寺と長期的な関係を持とうとしない人にとっては、葬儀での僧侶のお勤めに数十万円もの布施をする気にはならないでしょう。教師資格があるかどうかは関係ない、弔問客の手前、儀式だけでも無難に済ませてくれればそれでいいという考えの遺族もいるでしょう。

最近では葬式のさい葬儀社に僧侶を派遣する民間の僧侶派遣会社も登場しています。寺檀関係の希薄な都会では、葬儀の主導権はトータル・コーディネータとしての葬儀社にある場合が多くなります。遺族がお寺を指定せず、僧侶への布施も節約したいと要望すれば、葬儀社としても格安の料金で済む僧侶派遣サービスを利用して不思議はありません(6)。

こうなるとお寺が宗教法人といえるかどうかも怪しくなってきます。もちろん、マンション坊主と一緒にするなとお怒りになる住職もおられるでしょう。お怒りはごもっともですが、残念ながらお寺の提供するサービスが宗教活動に相当するかどうかはお寺が決めるのではありません。決定権はサービスを受ける消費者サイドにあります。

日本の税法には、何が宗教活動かを定義する項目はありません。あるのは営利事業の範囲だけです。その範囲に含まれない事業はすべて非営利事業となりますから、宗教法人がその一部を宗教活動と呼び慣わしているに過ぎないのです。たとえば、お寺の重要な仕事のひとつである先祖供養は墓地に遺骨を安置し、菩提を弔うという宗教活動です。でも、宗教色を取り除いてしまえば、墓地の使用権を売る不動産賃貸業、遺骨という物品を預かってカロートという倉庫に入れて保管する倉庫業と見てもおかしくないでしょう。お寺サイドがいくら宗教活動だと主張しても、サービスを受ける側の檀家がそう思わなければ、実質的な中身が倉庫業である以上は営利事業とみなされてしまうのです。

ここでポイントとなるのは、不動産販売業や倉庫業ではなく宗教活動だと信者や檀家に納得してもらえるかということなのです。

宗教活動の定義

宗教活動の範囲を厳密に決めるのは容易ではありません。われわれの日常の活動でも何が宗教的かどうかの判別は明らかではないからです。食事ひとつをとっても、宗教上の理由から特定の食材を口に入れない人もいれば、人生最大の楽しみだとして際限なく美食を追い求める人もいます。禅の世界では日常の作業すべてが宗教活動とみなされます。

経済学の視点から解答を示すとするなら、料金を提示しているかどうかがひとつの判断材料となるように思います。世の中には人に感謝されつつお金をもらえる幸運な仕事をしている人たちがいます。医師や教師がそれに当たります。なぜ感謝されるかというと人助けをしているからです。でも人助けに料金はふさわしくありません。

たとえば、川で溺れかかっている人がいたとしましょう。それを見た人なら誰でも何とかしなくてはと思いますね。自ら助けに行くか、誰か助けを呼ぶか、木ぎれなど何か水に浮くものを探すか、いろいろな助け方があるでしょう。そのとき、おもむろにポケットから料金表を出し、どの助け方がいいかとたずねる人はいないでしょう。すみやかに最適な救出法を選び、実行するだけです。救出されたあと、助けてもらった人はお礼をいうでしょう。そしてお金を渡す場合もあるかもしれません。そのとき、このお金は救出の代金ではないことに注意すべきです。あくまでお礼の気持ちの表現方法のひとつです。だから額は決められていません。

実は、医師、教師、そして僧侶もこれと同じなのです。病気から救って欲しいと願う患者、知識を求めている学生、そして「生老病死」という人生の苦しみからの解脱を求める衆生に救いの手をさしのべるのがこうした人々の仕事なのです。そうだとすると、診療代、授業料、戒名料などは助けてもらった人がお礼の気持ちを主観的に表現した結果とみるべきでしょう。そしてもらった側がその多寡についてとやかくいう性格のものではないはずです。でも、現代社会では仕事が細分化されていて、医師や教師にも高度な専門性が要求されます。そうなると、お礼で生計を立てていては安定したサービス供給はできません。そのため、診療報酬は法律で定められ、教育は原則として行政または学校法人が担当することになっているのです。

こうしたなか、僧侶の仕事だけが部分的にせよ、かろうじてお礼を収入源として成り立っています。葬儀のさい、経文を唱え、戒名を授け、死者を成仏させてくれた僧侶に感謝の気持ちを込めて渡すのが布施というものでしょう。(7) 檀家から「お代は?」と尋ねられたら「お気持ちで」と返し、金額に関係なく受け取ります。僧侶は料金を提示しないことに誇りを持つべきなのです。なぜならそれこそが宗教活動の証《あかし》となるからです。

「徳」を生産するタイのお寺

これまでお寺の本分は苦しんでいる人を救済することだと述べてきました。それならば、仏教の目的は人を救うことなのでしょうか。釈迦入滅後、インドで最初に栄えた仏教は、出家者がこだわりを捨てることにより現世の苦しみから解脱《げだつ》し、仏になることを目指す宗教でした。これを上座部仏教といい、現在でもタイやスリランカで信仰されています。出家者は釈迦の言い残した説法を頼りに、釈迦に倣って仏になるべき道を探そうとしました。

その後、こうした考えを出家者だけが仏になりさえすればいいという狭い了見(小乗)だと批判し、出家者は自分も含め周囲の人々すべてを苦しみから救うための教え(大乗)を説くべきだとする仏教の考え方が生まれました。これを大乗仏教といい、中国や日本のお寺はこの流れをくんでいます。日本のお寺が衆生の救済を目的としているのはそのためなのです。

それではタイなどにいる上座部仏教の僧はどのようにして生計を立てているのでしょうか。出家者自らの解脱を目指すタイの僧侶は、こだわりを捨てるために厳しい戒律を守っています。生産活動は一切せず、剃髪は当然のこと、女性と金銭には触れません。生活の糧はすべて托鉢《たくはつ》で賄い、普段は寺で静かに瞑想して過ごします。こうした禁欲的な生活を送る僧侶をタイの人々は深く尊敬し、街で見かければ手を合わせます。

したがって、タイでは徳の高い僧侶に食べ物を分け与えたり、僧侶が暮らす寺に寄付したりする行いは、徳の一部を分けてもらって自らの徳のレベルを上げること、すなわち徳積みと考えられています。親にとっては、自分の子どもが短い期間でも寺で僧侶を経験することは親子ともに徳の積み増しにつながるとされます。子どもを預かってもらったお礼として寺に寄付するのはいうまでもありません。要するに、タイのお寺は徳の生産をしているのです。

宗教における戒律の働き

上座部仏教に限らず、どの宗教にも戒律というものがあります(8)。程度の差はありますが、信者は教えが定める生活のルールに従って行動します。たとえば、ユダヤ教徒とイスラム教徒には断食の習慣があります。ヒンズー教徒は牛肉を食べません。キリスト教徒には食事の制限はありませんが、カトリック教会の聖職者は結婚と私有財産が禁じられています。中国は大乗仏教ですが、僧侶は結婚しません。こうして見ると、出家者か在家信者かに関係なく、行動に何の制約もないのは日本の仏教だけのようです。

そもそもなぜ戒律があるのでしょうか。この疑問に対する経済学からの解答は、先に登場したイアナコーンが一九九二年の論文で提示しています。宗教学者からは異論があると思われますが、ここでその内容を紹介しておきましょう。

教団はある特定の宗教を信じる人たちが形成する集団です。集団のパフォーマンスはそこで信者がどのくらい活発に活動しているかによって決まってきます。たとえば、日曜礼拝に信者が多数訪れる教会は高い評判を得ます。仏教の年中行事でも檀信徒が多数参加すれば教化に熱心なお寺ということで注目されるでしょう。

しかし、こうした教団の評判はどの信者にも均等に恩恵を与えるため、信者のなかには教団の活動に参加せず、他のメンバーの熱心な信仰の成果に乗っかろうとする不届き者が現れるかもしれません。自分でコストを負担せず、成果だけを得ようとするこうした行為を経済学ではフリー・ライダー（ただ乗り）といいます。

もし、すべての信者がこうしたフリー・ライダーになってしまったら、教団の活動は停止するでしょう。したがって、教団幹部はそうならないように手立てを講じる必要があります。そうして生まれたのが信者の行動規制だとイアナコーンはいいます。行動規制は教団外での活動の楽しみを低下させ、結果として信仰の機会費用を下げる働きをします。そして、多くの信者が教団での活動に参加するようになれば、知識、時間、そして行動が信者間で共有され、ますます教団内で過ごす時間が楽しくなってくるのです。

これと同じ方法は、多くの組織においてメンバーの帰属意識を高める目的で採用されることがあります。たとえば、会社での飲み会や社員旅行は時間の共有を通じて社員の会社への忠誠心を向上させるためでしょう。ただ、最近の企業ではこうしたやり方は社員の評判があまりよろしくないようです。バーチャルな空間で情報のやりとりをして満足するネット社会独特の流儀が若者の間に浸透した結果、そもそも帰属意識をあまり高めたくない人たちが会社に入るようになったためかもしれません。

肉食・妻帯を許す日本仏教

戒律を厳しくすればするほど教団内部の結束は強まりますが、厳しい戒律は外部者にとって入信を躊躇させる要因ともなります。日常的な楽しみを捨て、教団内での活動に没頭する信者の姿は外部からは異様に映るでしょう。そして戒律が厳しい教団ではメンバーの数も限定され、布教という観点からは成果があまりあがらないかもしれません。出家者や信者の数を増やすためには、戒律を適当な水準に設定することが望ましいといえます。

江戸時代までは日本の僧侶も肉食と妻帯は認められていませんでした。徳川幕府が僧侶に対して現世に色気を持たぬよう学問奨励と規律遵守を要求したためです。ところが、明治政府は寺院の特権であった檀家制度を廃止するさい、肉食・妻帯禁止という倫理規定もあわせて撤廃してしまいました。

本来、宗教の戒律は教団において独自に決めるべきであって、行政がとやかくいう筋合いのものではないはずです。ですから、政府が肉食・妻帯を認めたからといって、それに従う必要はありません。つまり現在の日本仏教でほとんど戒律が存在しないのは、教団が自主的に選択した結果と見るべきでしょう。なぜ戒律を捨てたのでしょうか。

江戸時代の檀家制度を通じて、お寺は良かれ悪しかれ地域コミュニティの中心的存在となりました。明治以降、家族墓がお寺に建てられるようになり、檀家の寺への帰属意識はより強まったといえます。このことは、全国規模の廃仏毀釈運動や明治政府の神道国教化政策にも屈することなくお寺が生き残ったことからも明らかです。

地域でともに暮らす以上、お寺の檀家たちは自分たちの気に入った住職に長く努めてもらいたいと願うでしょう。そして、お寺の継続性という観点からいうなら、住職も世襲であった方が何かと便利ではないでしょうか。なぜなら、家族墓が子々孫々と守られていくのですから、その手助けをする住職も代々受け継がれた方が合理的といえます。

檀家制度のもとでは、住職が妻帯し、世襲化していくのは当然の成り行きだったのです。この点は厳しい戒律を守るタイのお寺と大きく事情が異なります。タイのお寺が住民のために徳を生産する場所であるのに対し、日本のお寺は檀家たちにとって憩いの場であり、住職は話のわかる存在でなければなりません。檀家と住職はともに語り合い、食事をし、そして時には酒を酌み交わす間柄なのです。つまり、檀家寺の住職にとって厳しい戒律を守るインセンティブはほとんど存在しなかったわけです。

このことは、僧侶自ら凡夫を自認し、衆生とともに仏の力に頼ろうと考える浄土真宗において、開祖の親鸞以来、現在まで妻帯が続けられてきたことと整合的です。さらに、出家者に厳しい修行を課する禅宗、とりわけ臨済宗において住職の妻帯が他の宗派より遅れたことも納得がいきます。

檀家制度なかりせば

こうして見ると、日本のお寺が江戸時代に確立された檀家制度の影響をいまだに強く受けていることは明白です。その一方で、少子高齢化や市場化の流れに従って檀家制度が基盤とする地域コミュニティが崩れつつあることも否定できません。もし、檀家制度がなくなるとお寺はどうなるのでしょうか。

ひとつのモデルケースが沖縄のお寺です。かつて沖縄が琉球王朝の統治下にあったころ、仏教は護国宗教として国王から手厚い保護を受けていました。一五～一六世紀ごろには、琉球国の予算で次々と寺が建立され、僧侶は知行を与えられる公務員となりました。そしてその仕事は、本分としての加持祈禱にとどまらず、領国内では政治家や教育者としての役割を果たす一方、対外的には国王の名代として幕府に赴き、数々の交渉ごとに当たるといった具合で、外交官としての職分までこなすほどの活躍ぶりだったといわれています。

こうした状況を一変させたのが一七世紀初頭の薩摩藩による琉球侵攻、いわゆる慶長の役です。当時の薩摩藩はキリシタン禁制を実施するにあたり、役人が住民の信仰する宗派の名称を確認するだけにとどめ、檀家として寺に帰属することまでは強制しませんでした。つまり、檀家制度は存在しなかったのです。さらに、薩摩藩は戦国時代に一揆を起こすなど権力者にとって脅威の存在であった浄土真宗（一向宗）を禁止しました。このため信者たちは地下に潜伏し、「かくれ念仏」を唱えるなどして信仰の維持に努めたとされています。

このように薩摩藩は仏教寺院とのつながりを意図的に排除したのです。このことは琉球の占領政策にも顕著に表れています。当然ながら、檀家制度は取り入れられず、一向宗は禁じられました。さらに仏教寺院建立と布教活動は禁止され、王朝から僧侶に与えられていた数々の特権もすべて廃止されました。沖縄では一八七九（明治一二）年に信教の自由が認められるまでこうした状況が二七〇年も続いたのです。現在の沖縄のお寺の現状を見ると、檀家が存在しないということがこれだけお寺の様相を一変させるのかと、制度設計の持つ影響力の大きさを改めて感じずにはいられません。

檀家制度のもとでは、檀家はお寺にとって長期契約したお得意様のようなもので、葬儀や法要は原則として菩提寺で執り行うことが暗黙の取り決めとされています。それがお寺に毎年安定した収入をもたらしてくれます。ある住職の話によれば、不案内な檀家たちの目安となる布施の額は、葬儀では年収の一二分の一、法事ではそのさらに一〇分の一、そして年中行事ではまたさらに一〇分の一だそうです。

この算式を用いれば、檀家数からお寺の収入を概算できます。仮に、檀家の世代が二五年に一度の割合で入れ替わるとすれば、夫婦世帯ならば一軒につき二五年に二回葬儀が行われると推測されます。たとえばすべて夫婦世帯の檀家を三〇〇軒擁しているお寺があるとしましょう。檀家の年齢が一様に散らばっているとするならば、一年に執り行われる葬儀は二四回（三〇〇÷二五×二）です。檀家の平均年収を六〇〇万円とすると、葬儀によるお寺の年間布施収入は一二〇〇万円となります。もちろん、境内の維持管理には少なからず費用がかかるでしょうが、他に回忌法要や年中行事からの収入や墓地管理料を含めれば、寺院経営は何とか成り立つといえるでしょう。

この大切な収入源としての檀家が沖縄にはいないのです。存続の基盤はどうなっているのでしょうか。

沖縄の寺院の経済基盤

沖縄には本土のような広い境内や立派な山門を有するお寺はごくわずかしかありません。多くは民家を少しばかり改造したような造りで、なかには宗教法人格を取得できていない寺も少なくありません。沖縄でも本土復帰以降は、葬儀社主導による葬式が一般化し、僧侶はそこで死者を弔う役割を担っています。ただ、沖縄には檀家がいないため、葬儀に呼ばれる僧侶は檀家ではなく葬儀社とのつながりで決まることが多いといいます。したがって、葬儀、四十九日法要、一周忌、三回忌などでは、その度に違うお坊さんが呼ばれることもあるそうです。つまり、本土のような長期契約ではなくその場限りの取引関係なのです。

先に葬儀のとき僧侶に渡す布施には、感謝の意が込められていると述べました。逆にいえば、感謝していなければ布施を渡す必要はないともいえます。沖縄には長い歴史を持つユタ信仰と呼ばれるシャーマニズムが根強く残っていて、多くの住民は先祖の霊を呼ぶユタ（霊媒師）のお告げを重視しています。人生で悩んだり選択に迷ったりしたとき、頼りになるのはユタを通じてもたらされるご先祖様のことばなのです。俗に「医者半分、ユタ半分」といわれるように、今でも病気になったときユタの話を聞きに行くことは多いといいます。

こうしたなか、残念ながら沖縄では仏教の教えはそれほど頼りにされていません。お坊さんは葬式のときに来て読経するだけの存在に過ぎないようです。ある開教寺院の住職の話では、町で知り合いを見つけたときに「たまにはお寺にも顔を出しにいらっしゃい」と話しかけると、「縁起でもないことをいわないでください」と返答されるそうです。

沖縄には死者が僧侶の手によって出家するという発想がないため、戒名（法名）には何の価値もないとみなされます。位牌に戒名を記しても、俗名の書かれている方を表にして飾るほどです。戒名料も受け取れないため、お寺の平均的な葬儀収入は一件当たり七万円程度ということです。これでは、本土並の平均的な檀家寺を沖縄で維持するには、最低でも信者が一〇〇〇人以上いなければならない計算になります。

小規模寺院のなかには、将来の宗教法人格取得を目指し、信者獲得に奮闘しているところもありますが、実際その多くは、葬儀社との関係に依存し、葬儀の際のお客を紹介してもらうことで生計を立てているのです。

新規参入のすすめ

お寺をひとつの産業として見た場合、活性化していない原因が時代の流れに合わない檀家制度にあることは否定できないでしょう。墓地を媒介とした葬祭サービスに重点を置いた経営をしてきたために、いざ布教や教化といった本業に力を入れたくても具体的にどうしてよいかわからないのです。

ビジネスの世界では、若い血を入れることで保守的な産業をよみがえらせるケースも多いようです。最近の農業では、若手を中心として、生産効率の向上を目指す勉強会やバイオなどの新技術導入へ向けて研究会を開催するなど活動が活発化している地域もあります。農業生産法人が休耕地を借り上げ、農業に関心の高い若者を担い手として招くことで日本農業を復活させようという動きも見られます。

お寺を活性化させるには若い世代の参入を増やす必要があるのです。ところが、一部の寺院を除き、現状は必ずしもそういう方向へ動いていません。原因は住職の世襲制にあります。中小の檀家寺の多くは、住職が一人しかおらず、妻の手を借りて何とか運営を続けている状態です。跡継ぎとなるべき息子は、若いころ本山で教師（僧侶）資格を取得してはおくものの、先代が健在なうちは会社員など別の仕事に従事しているケースが多くなっています。そして、先代が引退するころ仕事を辞め、第二の職場として住職を引き継ぐのです。

こうした状況では新しい流れは生まれてきません。住職としての仕事が体力的に盛りを過ぎた後の第二の人生になってしまっているからです。それならば若いころに住職になればよいという考えもあるでしょうが、親子で専任の僧侶が務まるほど経済基盤の強固な寺院はそう多くありません。また、一般にお寺の子どもは将来の仕事として住職にだけはなりたくないと考える傾向が強く、あえて別の仕事を選ぶケースも多いといわれています。

一方、世間には、住職の子どもでなくとも、仏教の教えそのものに感銘を受け、それを多くの人に知ってもらいたいと考える若者もいるはずです。ですから、教団本来のあり方としては、そうした若い人たちこそ教団へ招き入れ、住職として積極的な布教活動を展開してもらうことが望ましいはずです。

参入障壁

外部者がお寺の住職になるのは容易ではありません。まず僧侶資格を取得する必要がありますが、そのためには師匠となる僧（師僧）を見つけなければなりません。師僧に認められ、宗への届け出を済ませると僧侶の卵（修行僧）として宗に登録されます。この手続きを得度《とくど》と呼びます。修行僧になったあとは、それぞれの宗の定めに従って、勉学、読経、坐禅、念仏などの修行を積みます。宗派によっては、こうした修行が仏教系大学の取得単位で代用できるケースもあります。そして、修行を完了すると教師資格が与えられます。

僧侶資格を得たあとは仕事を見つけなければなりません。布教活動を生活の糧としたいのであれば、仕事は基本的に三つあります。ひとつはお寺の住職になることです。第二は宗の中央事務所（本山にある宗務庁）または地方事務所に勤務し、布教プログラム策定などの仕事に従事することです。そして第三は信者の少ない地域に設立された布教所や開教寺院に赴任して布教に努めることです。

このうち、ひとつ目についていては、自分の親が特定のお寺の住職であれば、先代引退ののちに仕事を引き継ぐことが可能です。あるいは自分が長男ではなく、また跡継ぎがすでに決まっている場合は、跡継ぎのいない親戚など縁者の寺の養子になることもあります。いずれにしても何らかのコネクションがない限りは難しい選択といえます。

二番目は募集が多くないので狭き門とはなりますが、会社員のような生活を送ることを厭わなければ勤まるでしょう。ただし、お寺の住職に比べて、自己裁量の及ぶ範囲が制限されることを覚悟しなければなりません。なぜなら、宗務庁には末寺から時限的に出向している住職たちがいて、彼らは末寺の利益に反するような提案には反対するからです。そして、大きな組織の管理部門的な仕事に従事することになるため、次第に組織防衛という保守的な考えを身につけたいわゆる官僚主義に堕する可能性もあるでしょう。

布教を通じ、若い力を最も自由に発揮できるのが三番目の仕事です。開教寺院の僧侶たちの多くはやる気に溢れています。でも、ここで問題となるのが資金不足です。正式なお寺となるためには宗教法人格を取得しなければなりません。それがないと、お寺は個人商店としての扱いを受け、布施収入も所得税の対象となってしまいます。現在では、人格なき社団法人として免税措置を受ける方法もありますが、やはり、お寺である以上は宗教法人○○寺という法人名を是非とも取りたいところです。

開教寺院の住職たちはこの宗教法人格取得のために悪戦苦闘しています。宗によっては補助金を出してくれるところもありますが、拠出の額および期間は限られています。法人格取得のためには、一定の信者数と固有の財産（土地または建物のいずれか）を必要とします。ある程度の元手がなければ財産の取得だけで歳をとってしまいかねません。

信者の獲得も容易ではないでしょう。宗教というサービスの性格上、簡単にある宗（教）から別の宗（教）へ移ることはないからです。特に檀家寺は地域とのつながりが欠かせないため、信者を取り込むには、まず町の人々に顔を知ってもらったうえで信頼関係を構築するという長くて地道な活動を必要とするのです。

さらに新たな寺院の設立となれば、周辺のお寺が黙ってはいないでしょう。他宗からの転向がなければ、結局は宗派内での信者の争奪戦になります。実際、開教寺院で宗教行事を積極的に行うことに眉を顰《ひそ》めるお寺もあると聞きます。

こうしてみると、お寺市場というのは、外部者が簡単に入り込めるような世界ではありません。外から新しい血を入れて改革するのは期待薄でしょう(9)。

トップダウンかボトムアップか

布教活動はビジネスの世界でいうなら営業活動に相当します。信者のニーズを素早くキャッチしたうえで、自分の宗派の教えを魅力的に伝える努力が求められるのです。そのとき、宗派の本山が布教方針を定めて末寺がそれに従うトップダウン方式と、各末寺が自らの置かれている状況に応じて柔軟に布教方法を選択するボトムアップ方式という二つの方法が考えられます。どちらが望ましいかはそれぞれの宗派の考え方によって決まります。

浄土真宗では、管長（門主）と呼ばれる本山の住職は江戸時代以来の世襲制に従い、その血統に由来するカリスマ性はきわめて高いものとなっています(10)。そうしたカリスマ性を求心力とし、末寺に対しても教義の徹底を行っています。たとえば、どの寺も本尊は阿弥陀仏の立像で、信者への教化は念仏を通じて他力本願の理解を深めることと定められています。加持祈禱、厄除け、まじないなどに頼ることは御法度です。葬儀の後で塩をまいたり、火葬場への行き帰りの道順を変えたりする行為は迷信だとはっきりいいます。そして、自らを凡夫と認め、こだわりを捨てた人生を歩むためには、現世への執着につながる現世利益《げんぜりやく》は望ましくないと教えます(11)。

一方、真言宗ではそうした統一性は見られません。本山から教化方針について指示を受けることはほとんどないそうです。本尊も寺によって大日如来だったり、不動明王だったり、阿弥陀仏だったりとまちまちです。共通しているのは曼荼羅図《まんだらず》が飾ってあることぐらいでしょうか。こうした事情には真言宗の教えに根ざした理由があります。真言宗の神髄は、空海が独自に理論化した仏の世界を頭に思い描き、特殊な作法を交えた真言による仏との対話を通じて一瞬にして成仏するという即身成仏にあります。この基本的な考え方さえ間違っていなければ、作法についてはそれぞれの僧侶が独自に考え出したものであっても構わないのです。真言宗の諸派の数が他宗と比べて各段に多いのはそのためと考えられます。

浄土真宗のようなトップダウン方式のアプローチでは、教義の意味を理解させなければならないため、信者を納得させるまでには時間がかかるかもしれませんが、いったん納得してしまえば強固な信仰が確立されるでしょう。でも難点は地域特性に応じた柔軟な対応ができないことでしょう。

いい例が沖縄です。すでに述べたように、沖縄はユタ信仰という民俗信仰が根強く残っています。これは悩みなど現状の問題解決を目指すという意味で現世利益的な色彩を持つものだとすると、浄土真宗の教えとは真っ向から対立します。沖縄の人たちに他力本願の意味を理解してもらうにはとてつもなく長い年月を要するでしょう。他方、真言宗ならば、ユタによる先祖との対話はある意味では僧侶による仏との対話につながるものがあり、沖縄の人にとっては比較的容易に理解できるでしょう。そして、沖縄の人々が好むよう、各僧侶が加持祈禱の方式を柔軟に変えたとしても教義に反するということもないのです。

ここではあえて二つの極端な宗派を例としてあげましたが、同じ他力本願を主たる教義とする浄土宗でも、最近では念仏の現世利益を認めてもよいのではないかという柔軟路線が出始めています。教化の効率性を高めるために、他の宗派がどちらのビジネスモデルを採用するか注目されるところです。

寂れゆくお寺の対処法

ビジネスモデルというと将来へ向けて発展していく姿を思い浮かべますが、前にもお話ししたようにお寺の将来は決して安泰ではありません。とりわけ葬儀や法事に頼った経営では、人間の頭数に決定的に依存するので、人口減少の影響は深刻です。でも、私がある講演会で住職たちを前に「結婚は人生で何回もするが、葬式は一回しかしない」と葬儀依存の危うさを話したところ、ある住職が「結婚は二人で一回だが、葬式は一人で一回だから大丈夫だ」と反論しました。このようなジョークの冴える人たちばかりが住職なら、お寺の将来はそれほど暗くないかもしれません。

お寺のような宗教法人が抱える最大の問題は市場から撤退する仕組みを持っていないことです。株式を公開している企業であれば、顧客が減り、経営が悪化すれば株価が下がります。本来の資産価値が株価を上回っていれば買収の対象とされ、より経営効率のよい組織に生まれ変わるチャンスも出てきます。そうでなくても、民事再生法や会社更生法を活用して、組織を立て直すこともできます。

宗教法人にもこうした法律を当てはめることはできますが、問題となるのは営利活動をしていない（利益配分をしない）ため経営の悪化に気づくのが遅れ、また気づいたとしても有効な手立てをとるべき責任者が誰なのか不明確なことです。たとえば、お寺の住職は宗教法人の責任役員となっていますが、あくまで宗教者としての専門家であって経営の知識を豊富に持っているわけではありません。檀家が減り、お寺の存続が怪しくなっても、檀家総代（檀家の代表者）が役員会で「先祖代々の墓が消えたら困る」と反対すれば撤退を議決することも難しいでしょう。なぜなら、お寺に関わる人たちを束ねているのは「宗派の教え」であって、利益や株価などの経営指標ではないからです。

このように経営の悪化した宗教法人が何の手立てを講じることもなく放置されたままの状態になると、宗教法人という看板を目当てにすり寄ってくる人たちが出てきます。たとえば、ある宗教法人は自ら経営するラブホテルからの所得一四億円を非課税の布施として処理し、脱税行為をしていました。経営の実態はラブホテルであっても、宗教法人が宗教活動だとして事業を行えば、活動内容に関する調査を行わない限りそれがそのまま認められてしまいかねないのです。報道によると、この宗教法人の本部はラブホテルとは遠く離れた場所にあり、信者もおらず、ほとんど活動がなされていないそうです。つまり、実体のない宗教法人が脱税の隠れ蓑として使われたのです。

実際、インターネット上には宗教法人を売買するためのサイトが立ち上がっていて、売りに出されているお寺の情報などがアップされています。おそらくこうしたお寺では信者が高齢化し、役員会も開かれず、住職の後継者もいないという状況だと思われます。このようにお寺として機能していないにもかかわらず、形式上は宗教法人であるために、所有者（株主）を持たない法人格が売買の対象になっているのです。

すでにこうした問題にそれぞれのお寺で対処するには事態は悪化しすぎています。つまり宗派として、あるいは仏教界として対策を考えなければなりません。政府に頼るのも間違った方法です。なぜならそもそも宗教法人というのは、国民が信教の自由に従って自らの意志で結成した団体のはずだからです。そのため行政機関もはじめの法人認証のところでは関わるものの、それ以降は法人の自由な活動に任せてあまり関与しないようにしているのです。

今こそ、宗派全体として寂れゆくお寺がすみやかに撤退する仕組みを考えておかなければなりません。宗派としての意思決定機関は宗議会です。基本的に議員は宗派に属する僧侶のなかから選挙によって選ばれます。そして議会で決定されたことを実行するのが宗務庁です。そのトップは宗務総長と呼ばれます。国の議会と省庁のように形としては整っているのですが、住職の話によると議会が形骸化し、先を見据えた意思決定がうまくできないようです(12)。

お寺へのニーズはあるのでしょうか

宗教関係者が最も怖れていることは、宗教に対する国民のニーズが薄れてしまうことです。とりわけ、長年にわたって葬式仏教にどっぷりつかってきた檀家寺は、市場経済化の流れのなかで、葬儀社にすべての仕事を奪われてしまうのではないかという危機感を持っています。

葬式仏教と揶揄される現状に関しては、何もお寺だけがすべての原因というわけではありません。先に述べたように、地域コミュニティが強固だったころ、人々はお寺を一種の公共機関とみなしていました。縁切り寺として名高い鎌倉の東慶寺が行き場を失った女性の避難所としての役割を果たしていたように、お寺は単なる布教所ではなく、教育や社会福祉の一端をも担っていたといえるのです[13]。

それが、近代国家の成立とともに、職業が細分化され、教育や福祉など公共性の高い事業が行政の手に委ねられるようになると、お寺の仕事は次第に失われていき、結局残ったのは葬式だけだったということではないでしょうか。そして、その葬式さえも主役はお坊さんから葬儀社に移り、その形態も家族葬、樹木葬、自然葬、直葬など多様化と簡略化の方向へ動き出しています。

かつてあるテレビ番組で興味深い調査結果が紹介されていました。その内容は、仏教が好きと答えた人は九〇％、お寺が好きと答えた人は二五％、そしてお坊さんが好きと答えた人は一〇％だったというものです。いかにお坊さんが信頼されていないかがわかります。仏教思想の本などは好きで読むし、観光地や初詣のお寺にもときどき行くけれど、葬式のときなどに会うお坊さんは好きではないということなのでしょう。日本仏教における僧侶の役目は信者と苦しみを分かち合い、ともに仏になれるよう苦しみからの解脱を目指すということでしょう。この調査結果は、そうした本来の仕事から遊離し、「仕事」としての葬儀だけをやってきたお坊さんたち自体が招いたものです。

むしろ仏教にこれだけファンがいることは救いです。お寺は本分さえわきまえれば立派に生き残れることを示しているからです。人間の欲望が果てしないのと同様に、人間の苦しみも果てることはありません。ひとつの病気が克服されれば、また新しい病気が生まれてきます。貧しい時代であっても豊かになっても、それぞれの状況に応じた苦しみというものがあるのです。仏教の発想は、悩みや苦しみの源を取り去ることに執着するのではなく、その存在を受け入れ、共存するというものです。これは現代社会にも十分通用する基本的な生き方を示しているように思います(14)。これまでお寺は信者たちの苦しみと真摯に向き合い、その解放のために活動してきたようには見えません。お寺が生き残る最後のそして確実な道は信者としっかり向き合うことだと思います。これは営利企業であっても宗教法人であっても同じことなのです。

注

(1) イスラム教が誕生した現在のサウジアラビアの首都メッカは、当時アジアとヨーロッパをつなぐ拠点として商業の発達した都市でした。開祖ムハンマドが商人の息子だったこともあって、イスラム教が商業倫理を定めた宗教としてスタートしたといわれるのはそのためです。金貸しを禁じるという意味は、商売をするなということではなく、正しい契約に基づく商取引をせよ、単にカネを貸すだけではなしにその運用についても責任を持てということのようです。そのため、イスラム銀行に預金をしても利子は付きませんが、銀行が企業に貸し出すときには、ビジネスも共同で行うことによって収益の一部を受け取ることになっています。経済活動がもたらす貧富の格差については、イスラム教では富裕な商人が商業によって得た利益を積極的に社会奉仕活動に使うこと（喜捨）を奨励することで、政府の関与なしに自発的に富の再分配がなされるように工夫されています。

（2）ただし、イスラム教には出家者という概念はなく、そのプロフェッショナルは教義に基づきイスラム法の解釈を行う法学者（ウラマー）という扱いです。また、彼らの専門領域は法学に限らず自然科学など他の分野にも広がっています。

（3）たとえば、携帯電話が現在ほどに普及していなかったころには、携帯各社は新規顧客を獲得したうえで囲い込もうと競いました。ところが、市場が飽和してしまうと、売上げを増やすには他社の顧客を引っ張ってこなければならなくなります。そうした状況下での競争を促進するためにはある会社から別の会社に移るコストを下げる必要があります。そこで導入されたのが「ナンバーポータビリティ」です。つまり「転向」のコストを大幅に下げたわけです。

（4）NHK総合テレビ「くらしと経済」（二〇〇四年四月一七日放送）。

（5）僧侶になるには各宗派が定めている規則に従い、所定の勉学と修行を経験する必要があります。しかし、そうした過程を経ずに僧侶を名乗っても法律上の問題は発生しません。なぜなら、政教分離の原則により僧侶の教師資格は国家試験の対象ではないからです。もし、無資格の僧がどこかの宗を看板に掲げているとすれば詐欺罪になるかもしれませんが、そうでなければ裁判に訴えることも難しいでしょう。

（6）二〇〇四年に設立された「おぼうさんどっとこむ」は、葬儀・法事への僧侶派遣、葬式、仏教の学習、寺院コンサルティング、そして仏前結婚式などを手がける株式会社です。社長は天台宗の僧侶資格を持つお坊さんです。株式会社形態をとるビジネスと割り切ることで、誰に文句を言われることなく、顧客満足度を高める戦略を堂々ととることができます。

（7） 布施は喜捨とも呼ばれ、その本来の意味は、自らの財産を投げ出すことによって身を清める（浄財）ということです。ですから、布施をするのは葬儀のときに限りません。いつでも思い立ったときにすればいいのです。ここで大切なのは布施をする側に主体性があるということです。

（8） 仏教では、戒は遵守が義務づけられる出家者の規則で、在家信者にとっての生活指針ともいうべき律とは区別されます。ここでは議論を簡単にするため、そうした厳密な区分なしに用いていることをご了解願います。

（9） 日蓮宗では、ミトラ・サンガ（良き仲間）という名称の僧侶の集まりがあります。そのメンバーはいずれも在家信者から発心し、僧侶資格を得た人たちという特徴があります。住職である親の跡を継いで僧侶になるケースがほとんどのなかで、自らの意思で僧侶の道を選んだ人たちですから、日本仏教の現状に対する強い危機意識を持ち、布教への意欲も盛んです。こうした新規参入が進み、新しい血が入っていけば今後の日本仏教の将来も決して暗くはないでしょう。

（10） 真宗大谷派は、一九八七年に総本山である東本願寺の宗教法人を解散し、宗教法人大谷派に吸収するという「宗本一体化」を行いました。これを機に、東本願寺は「真宗本廟」と名を変え、信者の礼拝施設となりました。この組織改革により、大谷派には信仰の中心としての機能も加わり、中央集権化がより強まったといえます。

（11） その代わり、浄土真宗の末寺では、本尊をはじめ本堂の備品などについては本山指定の財物を揃えなければならないという制約があります。これは各寺にとって経済的な負担や行動制約となります。これらは布教のノウハウや本山、門主のカリスマ性を公共財的に利用できることへの見返りと考えられます。

（12） お寺や宗派の組織としての問題点については、拙著『こうして組織は腐敗する』（中公新書ラクレ）をご覧ください。

（13） 静岡県伊豆市にあるサンガ天城は、家庭内暴力などで心の傷を負い行き場を失った女性たちが身を寄せる「現代版駆け込み寺」として有名です。尼僧で庵主の戸澤さんは、庵を維持するための費用を苦労して捻出しつつ、こうした女性の心の救済に熱意を燃やしておられます。庵で過ごすうちに次第に笑顔が戻り、元気になっていく姿を見るのが戸澤さんにとって何よりの生きがいだそうです。

（14）　精神障害を持つ人たちを苦しめているのが幻聴、幻覚であることは知られています。こうした人たちにとって効果的な治療法は、病気を排除しようとするのではなく、病気である自分を受け入れ、それと共存するという発想だともいわれています。まさにこれは仏教の考え方と同じではないでしょうか。

第4章　経済学で考える「弱者」

弱者とは一般には自力で生活できない人たちを指すことが多いようです。そうだとすると世の中に弱者でない人など一人もいないはずです。なぜなら、私たちは自給自足で生活しているわけではないからです。誰かが生産してくれた製品やサービスを買うことによって生活できています。

このとき購入する製品やサービスの中身について問うことはほとんど意味がありません。確かに目の見えない人は盲導犬や介助者の手を借りるでしょうし、高齢者はヘルパーに生活介護をしてもらうでしょう。でも、このことは視力の弱い人がメガネをかけることや、大相撲の関取が付け人に身の回りの世話を一切してもらうことと本質的に同じことなのです。

したがって一般的に弱者というときには、どの部分で他人に頼っているかではなく、それを自分の稼いだお金で賄っているかどうかで見ているのです。

勝負の世界に弱者はいるでしょうか。勝負に敗者はつきものですが、同じ選手が負けてばかりの勝負事は見る側にとっても面白くありません。そこで、前もって選手やチームを能力別にグループ分けし、実力が伯仲するように工夫しています。それぞれのグループ内で特定の選手が負け続けることはなく、負ければランクが下がって再び同レベルでの競争が行われます。しかも、プロには資格要件があるため、一定レベルの実力を持たない素人は受け入れません。こうして弱者ははじめから除外されています。

一般社会の場合はそうはいきません。誰でも生きていく以上は生活の糧を得なければならないからです。仕事に向いている人だけが働けばいいというわけにはいかないのです。そうなると仕事にうまく適応できず、ビジネス界で負け続ける人たちが出てきます。なぜ負け続けるのかというと、お金を稼ぐための能力に欠けているからです。結局、弱者であるかどうかは、お金につながる人的資源を持ち合わせているかいないかという点に帰着してしまうのです。この章では、こうした「弱者」にスポットを当てて、経済学的に考えていきます。

弱者に冷たいといわれる経済学

本来、人間の生き方に勝ち負けは存在しないはずです。ところが、最近では人間を勝ち組、負け組、勝ち馬、負け犬などと色分けし、人生に勝敗をつけようとする風潮が見られます。あえて人生に客観的な評価方法を持ち込もうとすれば、どのくらいカネを稼いだか、どのくらい高価な車に乗っているか、そしてどのくらい高い家賃の家に住んでいるかといった指標に頼るしかないでしょう。だとすれば、負け組の代表格は仕事のない低所得の人たち、すなわち社会的弱者ということになります。

経済学者の多くは弱者保護には反対の立場をとっています。その理由として、どんな人間でも保護されると努力を怠るようになり、弱くなってしまうからだといいます。たとえば第3章で取り上げた江戸時代の仏教寺院は、幕府からキリシタン禁制のための戸籍係としてお墨付きをもらったことで布教活動のインセンティブを失い、単なる葬式事業者になってしまいました。農林族の支持をバックに政府の保護下にあった日本の農林業はもはや瀕死の状態にあります。また、長年にわたり行政の規制のもとで護送船団といわれた日本の金融業界は、規制緩和をきっかけに商品開発力や収益力の弱さが露呈されました。いかに経営状態のよい会社であっても、どこからも刺激を受けずに現状維持だけを続けていると経営力は弱体化していきます。

もちろん、世の中には病気や障害のために働くのが難しい人たちがいることも事実です。その一方、周囲の支援があれば十分に働ける人たちもいます。こうした働ける人たちであっても、弱者として一括りに保護していると次第に働く気力をなくしていってしまうでしょう。つまり、五体満足で「健常」な人たち以外は誰も彼も保護の対象とするやり方では、有益な労働資源が無駄になると考えられるのです。

このように誰が本当の弱者であるかは区別がつきにくいため、経済学のいう弱者対策は保護の範囲を必要最小限にとどめるべきということになります。しばしば経済学が弱者に冷たいといわれるゆえんはここにあるのです。

環境の変化が弱者を変える

弱者は常に同じ人たちとは限りません。戦国乱世のように腕力がものをいう時代においては、女性や子どもは弱者だったでしょう。強者《つわもの》としての証《あかし》は同族のなかのこうした弱者を敵から守ることでもありました。

技術進歩の遅い時代においては、先に生まれた人ほど物知りとして重宝されます。年長者の役目は経験の浅い若者に知識を授け、誤った道に進まないよう導くことです。このことは、かつて武家社会において家老、老中、若年寄などの役職名に年長を意味する文字が多用されていたことからもわかります。現在でも技術革新の起こらない伝統文化の世界では、おおむね年配者が家元として力を握っているのはそのためでしょう。

技術進歩が起きると年長者の優位性は後退します。中高年でリストラにあった人たちの再就職が難しいのは、新しい技術を学び直すには年をとりすぎているためです。その一方で技術進歩に救われる弱者も現れます。たとえば、機械の進歩は力仕事を大幅に軽減し、体力の劣る人や女性でもできる仕事を増やしました。そして、医学の進歩のおかげで病弱な人でも仕事を続けられるようになったのです。

東京大学教授の松井彰彦氏のグループによって研究が進められている「障害学」では、そもそも障害は社会がつくるものだと定義されています。つまり、どんな人間にも多かれ少なかれ弱点があるわけですが、それが「障害」になるかどうかは社会が決めるという考え方です。たとえば、相手の感情を理解しづらい自閉症という障害があります。こうした障害がある人たちも、ひとりで黙々とやるような作業ならば十分にできると思われます。しかし、一昔前のように工場などでの単純労働が豊富にあった時代とは異なり、現代社会はどのような仕事にもコミュニケーション能力が要求されますから、円滑な人間関係が構築できないと働くのは難しい状況です。環境が変われば、かつては問題視されなかったことが障害となることもあるわけです。

このように時代とともに弱者は変化していくため、ある時期に特定のグループに所属する人たちを弱者と認定しても、将来そうでなくなることがあります。そのときの処理はきわめて難しくなるでしょう。時代の変化は徐々に起きますから、ある時点を過ぎるとすべての弱者がそうでなくなるということはありません。しかし、制度変更は時点を定めて行われます。したがって、弱者の扱いを取りやめると、本当に困る人たちが出てくるのです。そういう人たちは「弱者を見殺しにするな！」と叫ぶでしょう。

このとき、もはや弱者でなくなった人たちは口をつぐむかもしれません。困っている人たちを前にして自分たちはもはや弱者ではないとはいいにくいからです。なかには弱者のふりをして保護を受けていた方が楽だと思う人もいるかもしれません。こうして、誰が弱者でなくなったのか、外部からは見分けがつきにくくなります。弱者を認定するのは容易ですが、取り消すのは大変なのです。

行政による弱者保護とガバナンス

行政が弱者を保護するときには、その財源として税金が使われます。税金は国民から集めたお金ですから、弱者をどこまで保護するかは納税者である国民が決めることになります。でも、すべての国民がこと細かく税金の使い道を決めることはできません。そこで、私たちは役所にその役割を委託していま す。役所は透明性と公平性を高める意味から、法律という一定のルールを設け、それに従って保護の仕方を決めるのです。

ここで弱者について行政上の厳密な定義が必要となってきます。たとえば、所得税免除者を定める所得の課税最低限度額はいくらか、いくらまでの所得なら配偶者控除を受けられるか、障害基礎年金の支給対象となる障害の程度は何か、などについて明確な基準を設けなければなりません。そして、申請者が保護対象としての基準を正しく満たしているかどうかを前もってチェックすることになります。

こうした立法や審査などに要する手間はすべて弱者を認定するためのコストと考えられます。弱者としての保護対象が拡大すれば、こうした行政コストも幾何級数的に増加します。なぜなら、法律が増えれば増えるほど法律同士の整合性をとる必要が出てくるからです。また、法律を利用する側も、複雑な内容の条文を読んで理解するために多くの時間を必要とします。

行政が弱者認定のために多くのコストをかける理由は、認定したあとの事後的なチェックを容易にするためです。あらかじめ悪用できないように法律を定めておけば、あとで悪用されていないかどうか調べなくても済みます。すなわち、税金の使い道に関するガバナンス（統治）・コストを節約しているのです。

このやり方は合理的といえるでしょうか。人間の一生がパターン化され、多くの人が似たり寄ったりの人生を送るのであれば、事前認可型の弱者保護政策は合理的でしょう。たとえば、すべての人が決められた年齢に達すると就職したり引退したりするのであれば、年金制度を策定するのは簡単です。でも、価値観が多様化すれば、特定のパターンに収まらない生き方をする人たちが現れるでしょう。そうした人たちは制度から取り残され、弱者として保護の対象にすらならない可能性もあるのです。

割引制度の非合理性

弱者保護の形態としては、年金や生活保護といった所得保障型に加えて、医療費や交通費のような特定のサービスに対する割引もあります。たとえば、高齢者の医療費は、原則として一割の自己負担となっていて、東京の都営交通は七〇歳以上の低所得高齢者には一〇〇〇円で無料パスを支給しています[1]。また、障害者の場合では、種別や等級に応じて医療サービスを公費負担で受けることができ、障害者手帳や療育手帳があれば鉄道・バス運賃そして高速道路料金は半額となります。都道府県によっては障害者にタクシー券を配布する場合もあります。他にも重度身体障害者向けに年六回までに限り、無料で出張理髪サービスを補助している市町村もあります。

経済学ではこうした割引制度はあまり望ましいと考えません。たとえば、ある高齢者が平均して毎月一〇万円分に相当する医療サービスを消費しているとしましょう。このとき、本人負担は一万円です。通常は三割負担ですので、この高齢者は二万円に相当する補助を受けていることになります。仮に、この高齢者が行政から毎月二万円の現金を受け取り、通常の三割負担の保険制度のもとで診療を受けるとした場合、はたして自己負担三万円（実費で一〇万円）分の医療サービスを消費するでしょうか。もしそうならば、現行の高齢者一割負担は最適な割引制度といえます。しかし、高齢者が二万円すべてを医療費として使わず、一部を別の支出に振り向けたならば、この割引は当事者にとって必要とされていない補助ということになります。交通機関の割引制度にも同じ問題があります。ある障害者が一ヵ月平均で六〇〇〇円分の高速道路利用をするものとしましょう。このとき、自己負担はその半額の三〇〇〇円となります。もし、行政が基礎年金を三〇〇〇円増額し、そのかわりに割引制度を廃止したとき、障害者の高速道路への支出額が六〇〇〇円を下回ったとすれば、前と同じ問題が生じているのです。

このように、割引制度は価格を安くする政策であることから、割引のあるサービスに対して過剰な支出を誘発し、資源配分を歪《ゆが》ませる格好になりがちです。唯一歪みを持たないケースは、これより上でも下でもダメという絶対的な最適消費量が決まっているような製品やサービス、すなわち価格の変化に購買量がまったく反応しないケースだけです。このようなサービスはあるのでしょうか。

すべての人が同一の生活パターンを送るように義務づけられているならば、消費量は価格に反応せず、こうした割引制度は資源配分の歪みをもたらさないでしょう。たとえば、国民全員の髪型が法律で定められ、髪が一定以上の長さに達すると必ず散髪しなければならないような国であれば、一年に六回の理髪料金免除は最適な弱者保護政策かもしれません。でもこれはあまりにも現実離れした想定ですね。

それではなぜ行政はこうした特定のサービスに限った割引制度を保護政策として採用しているのでしょうか。その理由は、税金の配分を任されている行政としては、弱者保護についても多くの国民の納得する範囲内に収めるべきだと考えているからです。

たとえば、行政が最低でも年に六回程度は理髪店に通うことが普通だと考えて年間に三万円の補助金を出したとしましょう。しかし、障害者のなかにはそれを散髪には使わず、酒代や旅行のために使ってしまう人が出てくるかもしれません。そうなると、国民から、税金が本来の目的のために使われていないと不満の声があがるしれません。これは行政としては困ったことになるのです。

国民の消費形態が多様化した現在、一定の型にはまった生活を前提とした弱者保護政策はもはや時代遅れといわざるをえません。各種割引制度を運用するうえでかかってくる行政コストはなるべく所得保障に反映させ、個々人が自由に支出パターンを選択できるようなシステムに変えていくべきでしょう。

弱者をどこまで保護すべきか

それでは弱者への所得保障はどこまですべきなのでしょうか。弱者保護は必要だとほとんどの国民が認めていたとしても、どの程度まで保障するかは必ずしもコンセンサスが得られているわけではありません。これは先ほど述べた課税最低限度額や障害基礎年金の額をいくらに設定すべきかということです。

機会の平等を重視するならば、すべての人にチャンスを与えるべきですが、その結果については問わないのが原則です。この場合、チャンスを生かし切れない弱者にとっては厳しい社会となるでしょう。他方、結果の平等を目指すならば、豊かな人から多くの税金を徴収し、それを社会的弱者に回すことになるでしょう。ただ、所得再配分をしすぎると生産性の高い人たちは成功しても報われないため働く気をなくし、社会全体の生産活動が停滞し、結果として弱者を救うための資源も生み出されなくなってしまいます。

この二種類の平等のバランスは、より多くの再配分を要求する弱者サイドと再配分を減らしたい強者サイドとの綱引きの結果で決まりますが、それは役所による財政収支の帳尻あわせという形で現れます。そのさいに役所が持ち出すのは「これ以上税金を使うことに関しては国民の理解が得られない」というわかったようでよくわからない論理です。

国民は弱者を助けるべきだと考えています。でも、助けすぎることには理解を示しません。どこまでいくと助けすぎになるのでしょうか。どこかに目に見えない基準があるはずですね。ここではこの基準を弱者としての分相応の暮らしと名づけることにしましょう。「分」というのは身分のことです。今さら江戸時代の「士農工商」を持ち出すつもりはありませんが、現代版身分制度こそが弱者保護の議論を定める日本人の意識なのです。

身分制度はコストを節約する

初対面の人にあったとき、私たちはどういう行動をとるでしょうか。おそらく相手がどういう人間かを知ろうとするでしょう。互いに質問をしながら、相手からより多くの情報を引き出そうとするに違いありません。そして、相互に害がないとわかった時点で警戒心を解くでしょう。出身校など何らかの共通点があれば、一気に親近感が増すこともあります。

こうした初対面の人との一連の手続きを心理的負担と感じる人も多いはずです。前もって相手の情報がわかっていればもっと楽に話ができるでしょう。あるいは相手がどういう人かを端的に表す目印があればなおのこと都合がよいはずです。この目印の役目を果たすのが身分なのです。家柄、学歴、職業、収入などが現代版身分制度の代表的な指標になります。人間の持つさまざまな属性を抽出し、その属性の持つイメージに基づいてどういう人かを判定しようとするのです。そうすることで、相手についてあれこれと質問したり調べたりするコストを節約していると考えられます。

この身分制度が有効であるためには、身分が示すイメージ通りの人間でなければいけません。これは所定の身分を持つ人がそのイメージを覆《くつがえ》さないように行動する意思があるかどうかによって決まります。たとえば、芸能人が映画の試写会などで服装のセンスよく颯爽と登場したり、テレビ番組でグルメぶりを見せつけたりするのは、芸能人としてのイメージを守るための工夫でしょう。プロ野球のスター選手たちがこぞってメルセデスやポルシェに乗っているのも同じ理由によります。

マスコミが名づけ親となる〇〇族ということばも一種の身分とみなすことができます。郵政族、農林族、道路族などの身分を与えられた政治家は、そのとたんに一人ひとりの政治家としての個性はどこかに吹き飛び、誰もが時代劇の悪役のように見えてしまうから不思議ですね。こうしてできあがったイメージをあとから覆すのは容易ではありません。(2)

弱者という身分

勝負に負けても果敢にチャレンジし続ける人は弱者といいません。たとえば、小さいながらも独自の技術力を持ち、大企業と渡り合っている中小企業は弱者ではないでしょう。あるいは、車いすに乗りながらもバリバリ仕事をこなしている人も弱者のイメージではありません。弱者のイメージはむしろ競争を免除されている人たちという感じです。

所得を稼ぐことができず、国民の税金を頼りに生活せざるをえない人たちには弱者という身分が与えられ、世間一般のイメージ通り分相応の行いが求められます。保護を受けているのだから、慎ましくひっそりと暮らさなければなりません。派手な服装や贅沢な消費といった振る舞いは御法度になります。

こうしたイメージが弱者保護のレベルを決めていると考えられます。弱者としての身分を逸脱しない程度の所得保障ということです。あまり声高に権利を主張すると、「弱者のくせに生意気だ」という批判を受けかねません。行政はその辺りの空気を敏感に感じ取り、福祉政策を実施しているのです。

弱者という身分は行政コストの節約にもなります。福祉の充実は成熟した国家としての証でもあり、弱者を蔑《ないがし》ろにする政府は評判を落とします。そこで弱者を認定し、保護することが必要になるわけですが、時と場合によって弱者が入れ替わるようでは行政コストは膨大なものとなってしまいます。そこで世間が納得するような人たちに弱者という身分を与え、そうした人たちを中心に福祉政策を行うことが合理的な選択になるのです。

これは世間一般にも利便性があります。たとえば、慈善事業に関心がある個人や企業にとっては、政府がお墨付きを与えた弱者に対してなら、安心して寄付やボランティアなどの活動ができるからです。

優先席の存在意義

電車に乗ると目にとまる優先席は、高齢者、障害者、妊婦などの弱者が優先的に着席できると明示された座席です。なぜこのような座席が存在しているのでしょうか。

弱者に対して席を譲ることは、本来であれば個人の自由意思に任されてよいはずです。特に法律上の定めがあるわけでもないので、譲りたい人だけが譲ればそれでよく、鉄道会社が指示する必要性はどこにもありません。にもかかわらず、どの鉄道の車両に乗っても優先席があります(3)。そして不思議なことに、高齢者に席を譲っている人のほとんどは一般席に座っている人で、優先席に座っている人が席を譲るのを私はこれまでほとんど見かけたことがありません。つまり優先席は機能しているように思えないのです。なぜでしょうか。

この問題は需要と供給の両面から考える必要があります。ここで優先席に座り、高齢者が近くに立ったときに席を譲るはずの若者を供給者、優先席の近くに立つ高齢者を需要者と考えてみましょう。席を譲るという行為が実行されるためには、座っている若者（供給者）とその前に立つ高齢者（需要者）が出会わなければなりません。

仮説のひとつは、供給サイドに問題があるとする考え方、すなわち優先席に座っている人のモラルの欠如です。高齢者に席を譲ってもいいと考えている人ははじめから優先席に座る必要性を感じていないので、結果として優先席にはそうでない人たちの座る確率が高くなるというわけです。この場合、解決策としては、そうでない人たち向けに家庭や学校での道徳教育をもっとしっかりやるべきだという意見が出てくるでしょう。

でも原因は需要サイドにもあるのではないでしょうか。席を譲ってもらう側の高齢者が優先席の前に立たないという仮説も考えられるのです。その根拠は十分にあります。優先席の前に立てば、座っている人に暗に席を譲れと要求していることになります。弱者といえども相手に情けを要求すれば、物乞いと同じになってしまいます。それは長い人生を生き抜いてきた高齢者としてのプライドが許さない行為ではないでしょうか。私も経験したことですが、しばしば高齢者が譲られた席を拒絶することがあります。「席を譲られるほど年老いてはいない」という誇りの表れなのかもしれません。

それでは、鉄道会社はなぜこのように明らかに有効に機能しているとはいいがたい優先席を設けているのでしょうか。それは、公共の交通機関としてモラルを重視していることを世間に示すためです。優先席が活用されているかどうかは大した問題ではありません。設置していること自体が重要なのです。これは高齢者という弱者が企業モラルのアピールに利用されている典型的な例といえます。

モラルの判定材料となる弱者

弱者というお墨付きは企業や個人のモラルを推し量る格好の材料となります。すなわち弱者に対して「優しい」とか「冷たい」とかという評判のことです。

二〇〇六年のはじめ、あるビジネスホテルが身体障害者用の駐車スペースや専用客室の設置など条例で定められているルールを遵守しなかったということで物議を醸したことがありました。建築基準法に違反した不正な改造もあったとされています。こうした問題に関しては、何らかの違反があれば法に照らして罰するとともに、ホテル名を公開することで世間に事実を知らせ、あとは利用者が判断するというのが妥当な対処法のように思えます。

ところが、問題発覚後の記者会見における当該ホテル社長の受け答えに批判が集中しました。身体障害者という社会的弱者を軽視し、蔑ろにしているというのです。身体障害者団体まで謝罪に訪れた社長を記者たちが追いかけ、取り囲み、糾弾する様子を私たちはどう解釈すればよいのでしょうか。

当時の日本にはハートビル法という法律があって、ホテルなどの公共性の高い建造物は障害者や高齢者などがアクセスできるような設備を整えなければなりませんでした[4]。でも、このビジネスホテルでは建物完成時の検査のときだけ設備を整え、その後は取り外して通常の部屋として使っていたようです。

なぜこのようなごまかしが発生するのかを考えてみましょう。設備を違法に改造した理由は明白で、それは障害者用客室の稼働率が低くて儲からないからです。稼働率が低い理由は全国に三〇〇万人以上いるといわれている身体障害者が頻繁に外出しないからでしょう。そしてなぜ外出をためらうかといえばインフラが整備されていないからです。街の至るところにある階段、段差、そして傾いた歩道などを放置しておきながら、営利企業である民間のホテルの違法行為に対してメディアが一斉に非難の矛先を向ける意味がどれだけあるのでしょうか。確かに、不正は許されないし、社長の会見における物言いが軽率だったことの謗《そし》りは免れないでしょう。ですが、これを単なるモラルの問題に帰着させてしまうのはあまりに貧困な議論といわざるをえません。

この一件がいみじくも物語るように、日本の社会において弱者は単なるモラルの判定材料に過ぎないのです。私たちが高齢者や障害者などの弱者を見かけたり、会ったりしたときに身構えるのは、そのときにとる態度によって自分の道徳性が判定されていると思うからです。

世間的なイメージが崩れるとき

特定の身分を与えられた人たちが、世間的なイメージを壊さないように振る舞うインセンティブを持ち続けている限り身分制度は有効です。

たとえば、女性社員に関して、いずれは結婚して会社を辞める人たちという世間一般のイメージがあるとしましょう。こうしたイメージが有効であるためには、会社にとってこのイメージを前提にして女子の採用や昇進を決めることがコストの節約になることに加え、女性にとってもそのような扱いを受けることが満足につながるという二つの条件が成り立たなければなりません。

ある女子社員が会社で早々に結婚相手を見つけ、寿退社を計画しているとしましょう。このとき、キャリアを積むために人事から海外研修を命じられたり、重要なプロジェクトのメンバーに加えられたりすれば、この女子社員は当惑するでしょう。研修やプロジェクトの途中で退社を願い出れば会社に迷惑がかかります。それならば、はじめから継続性のない単発的な仕事を任されていた方が気楽です。

でも、なかにはこうしたイメージに基づく扱いを嫌がる女性もいるはずです。それは、自分は結婚しても会社を辞めず、仕事と家庭の両立ができると心に決めている人たちです。それなら彼女たちはイメージを崩そうと行動を起こすでしょうか。おそらく最初は起こしにくいでしょう。なぜなら、そうした女性たちはマイノリティ（少数派）と考えられるからです。会社はマジョリティ（多数派）でイメージを形成するため、マイノリティの女性の主張には耳を傾けないでしょう。[5]

状況が変わるのは、仕事と家庭を両立したいと考える女性が増え、マジョリティになってきたときです。こうなると、会社にとって女性＝寿退社というイメージを前提とした人事は適切でなくなってきます。なぜなら、女性のキャリア形成を考慮した人事をする会社だけが優秀な女性を採用でき、業績を伸ばせるようになるからです。

こうして世間的なイメージは有効でなくなります。結局、イメージを崩せるかどうかは「○○らしからぬ」行動をとる人がどのくらい増えるかに依存しているのです。

弱者のイメージは崩れるか

女子社員＝寿退社というイメージを崩せば、キャリア形成を目指す女性にとってはプラスになるでしょう。したがって、女性の能力を社会が認知し始めれば、実態と合わないイメージは次第に崩れていくことが予想されます。

それでは社会的弱者のケースではどうでしょうか。社会的弱者は政府の認可を経て保護されています。そのかわりに、世間一般のイメージ通りに慎ましく暮らし、表だって権利を主張しないという行動制約が課せられます。(6) こうしたイメージを崩そうと行動を起こす人たちがどのくらいいるでしょうか。

これは弱者にとって厳しい選択といわざるをえません。なぜならイメージを崩すには、自分たちが同情される可哀想な人間ではないということをアピールしなければならないからです。たとえば、保護を受けずに競争社会のなかに飛び込んでみるとか、バリアフリーになっていないところへでも果敢に出て行くなど、そうしたコストを支払わなければ弱者としてのイメージは変わりません。

それならば、むしろ生活の困窮さを訴えることで弱者としてのイメージをより強化して、保護レベルの向上のためにエネルギーを使った方が合理的と考えても不思議ではないでしょう。

弱者は差別されているか

弱者について議論するとき必ず登場するのが差別の問題です。世間一般では、人間が対等に扱われないことを差別といいますが、それは曖昧な定義です。なぜなら、どんな人でも対等に扱われることなどありえないからです。男女、年齢、学歴など、世の中では人間がさまざまな属性でグループ分けされています。そしていったんあるグループに属してしまうと他のグループには入れてもらえないことはよくある話でしょう。

単なる区別が差別と認定されるには、区別する側がされる側に対して何らかの偏見を持っていて、その偏見を満たすために利益を犠牲にしていなければなりません。たとえば、従業員採用時における女性差別とは、本来ならば女性を雇った方が経営上望ましいにもかかわらず、雇用主があえて生産性の低い男性を雇うことで快感を得ていることと定義されます。この定義をベッカー型差別と呼んでおきましょう(7)。

このベッカー型差別は弱者にも当てはまるでしょうか。たとえば、高齢者や障害者は生産性が高いにもかかわらず、雇用主の偏見によって雇用されにくいのでしょうか。あるいは、交通機関がバリアフリー化しないのは、障害者を締め出すことで経営者が快感を得ているのでしょうか。

多くの人は直感的にその解釈はおかしいと思うでしょう。理由は二つ考えられます。ひとつは、仮に弱者と呼ばれる人たちの生産性が高いのであれば、そうした人たちを偏見に基づいて雇おうとしない企業は偏見を持たない企業との競争に負けるはずです。すなわち企業間競争が活発になれば、いつまでも利益を犠牲にし続けることはできなくなるのです。

もうひとつの理由は、弱者に対する偏見とは何かということです。ベッカー型差別に基づくならば、偏見とは非合理的なイメージということになります。たとえば、ムカつくとか胡散《うさん》臭いとかいう根拠のない印象のことでしょう。しかし、そうした印象から弱者が雇われないとは考えられません。

雇用主は障害者や高齢者の生産性が低いという合理的な偏見を持っているのではないでしょうか。あるいはこうした人たちを職場に迎え入れると人事の秩序を乱すのではないかとか、他の従業員の迷惑になりはしないかなどと考えているのではないでしょうか。つまり、雇用主は追加的なコストがかかるかもしれないと危惧し、弱者を雇おうとしないのです。

弱者と呼ばれる人たちであっても雇用の仕方によっては十分に戦力になるとするならば、先に述べたように競争の進展によって差別は解消されていくでしょう。でも、話はそれほど簡単ではありません。

弱者差別を解消するために

国連では二〇〇六年に障害者権利条約（Convention on the Rights of Persons with Disabilities）が採択され、日本も二〇一三年にこれを批准しました。批准まで七年の歳月を要した理由は、この条約批准の条件となる障害者の差別を禁じる法律が日本には存在しなかったためです。二〇一三年六月に公布され、二〇一六年に施行予定の「障害を理由とする差別の解消の推進に関する法律（差別解消法）」という新法は、障害者の人権を保障すべく差別の解消を目指したもので、行政機関には差別解消のための対策に取り組む義務を課す一方、民間企業には差別をなくす不断の努力を心がけるよう要求しています。行政からの指導勧告を無視し、努力義務を怠った企業には罰則も用意されています。

この法律によって差別は解消されるのでしょうか。問題となるのはこの法律が禁じる差別とは何なのかという点です。たとえば、ある車いす生活を送っている身体障害者（Kさん）が会社の採用面接を受けたとしましょう。この会社の本社ビルは一〇階建てで、面接会場は二階にありました。ところが、面接の当日はあいにくエレベータが故障していて、Kさんは自力で階段を上ることができず、面接時間に間に合わなかったとします。そして面接官は遅刻を理由にKさんを不採用と判断しました。さて、これは差別になるでしょうか。

もしKさんの仕事遂行能力が他の応募者と比べて大差なく、面接に遅刻したことだけが理由で不採用になったとしたら、この会社がKさんにしたことは差別解消法違反の不法行為にあたると思われます。

でも、この結果について疑問を持つ読者の方はいませんか。エレベータが止まったくらいで面接に遅刻したら普通は不採用になりますね。なぜ障害者だけを特別扱いするのでしょうか。

それはKさんが自力で二階に上がるためにはエレベータは必須であり、エレベータが故障していたのであれば、会社側にはKさんを二階の面接会場まで案内するといった「配慮」が必要だったと考えられるからです。このようにハンデを背負った弱者に対して、それほど重荷にならない程度の援助のことを「理にかなった配慮（reasonable accommodation）」（以下「配慮」）といいます。実は差別解消法は「配慮」とセットになっていて、「配慮」できないことを理由に障害者に損害を与えた場合も差別と認定されるのです。

身体障害者の場合は「配慮」の定義は比較的わかりやすいと思われます。なぜなら、身体障害は失われている身体機能を補うことが「配慮」だと考えてまず間違いないからです。難しいのは知的障害者と精神障害者でしょう。たとえば、ある企業がＩＱ30の重度知的障害者（Eさん）を通常の業務遂行は困難と判断して不採用にしたとします。これは差別になるでしょうか。もし、Eさんが知的能力をさほど必要としない単純作業ならば十分に会社の戦力になるとしたらどうでしょうか。たとえば、決められた部品を基板にセットする仕事とか、制服のクリーニングの仕事であれば、Eさんは無類の集中力を発揮し、他の社員よりも生産性が高いかもしれません。Eさんの能力を調べもせず、ＩＱだけの情報で不採用にしたこの会社は「配慮」が足りないともいえるのです。

精神障害者への「配慮」はどうでしょうか。精神障害を持つ人たちは長時間労働が苦手なため、適度に休むことが求められます。普通の「配慮」とは障害者の働く環境を整えることなのですが、精神障害者の場合は仕事をさせずに休ませることが「配慮」になります。これでは会社は困ってしまいます。どのくらい休ませればよいかは本人のコンディション次第ですので、会社はよほど本人のことをよくわかっていないと「配慮」はできません。

法律はできたものの、これをどう運用していけば望ましくない差別が解消されていくのか、現場の知恵が求められているといえるでしょう。

「銀座の屈辱」を考える

二〇一三年六月、『五体不満足』という著書で有名な乙武洋匡《ひろただ》氏が銀座のレストランで車いすでの入店を断られたという一件がありました。ネットなどでも大きな議論を呼んだのでご記憶の方も多いと思います。乙武氏がこれを「銀座の屈辱」だとしてツイッターでレストラン名を公表したことがきっかけで、店側に批判が殺到し、店主が謝罪に追い込まれる一方、同氏に対しても車いすでの来店を事前に知らせていなかったことや店名公表を疑問視する声も聞かれ、障害者の権利をめぐってホットな話題を提供することとなりました。

ここで重要なことは、この問題を単純な善悪論に帰着させてしまうのではなく、レストランが入店を断ったことと乙武氏がそれをツイートしたこととの理由について、前に述べた「配慮」との関係からよく考えてみることです。

ネットなどで公表されている情報によれば、そのレストランは雑居ビルの二階にある客席一二ほどの小さな店で、店員二名で接客していたとされています。二階へ上がるためのエレベータはないそうです。だとすると、乙武氏の電動車いすを二階まで持ち上げるには店員二名でかかり切りとなってしまい、その間、フロアサービスはストップすることが予想されます。

こうしたことは障害者にとって別に珍しくありません。私の家の近くに私鉄の小さな駅があります。エレベータはなく、ホームへの階段は狭くなっています。そして駅員は二名しかいません。この駅を車いすで利用するためには、隣接する大きな駅から駅員を派遣してもらったうえで、狭い階段を一時封鎖して昇降機を作動させる必要があります。つまり、一般客を五～六分足止めしなければならないのです。

これと同じ状況は買い物客で賑わう休日のデパートにも見られます。たとえば、エレベータに乗ろうとしても、常に満員に近い状態のため、車いすの客が乗り込むためには、一般客にエレベータから降りてもらわなければならないのです。

こうした事例からおわかりのように、銀座のレストランが乙武氏の入店を拒んだ理由は、車いすを上げることによって一般客へのサービスが低下するのを恐れたためです。料理の提供が遅れても、スープが冷めても車いすの客への対応を優先させて構わないというほど日本の社会は障害者に優しいわけではありません。つまり、障害者に対して世間が適当と考える「配慮」のレベルに応じて、レストラン、デパート、鉄道会社などのバリアフリーの度合いが決まってくるのです。

乙武氏が店名を公表し、店に罰を与えようとしたのは彼の怒りの表現だったのだろうと推察しますし、その気持ちは十分に理解できます。多かれ少なかれ障害を持つ人たちは似たような経験を何度もしているからです。でも、彼ほどの有名人ならば、この一件を単純な善悪論にしてしまうのではなく、障害者への「配慮」のレベルに関する問題として世間に情報発信して欲しかったと思います。そして、そうした視点に立った冷静な議論こそが、私たちの社会のバリアフリーのレベルをもう一段向上させるのではないでしょうか。

弱者の世話をする人たち

ひとりで生活するのが困難な弱者は誰かの手を借りることになります。たとえば、子どもは親の手を借り、高齢者は息子たちの手を借ります。もちろん、こうした肉親ではなく、病院、学校、ホームなどの施設が弱者の世話をすることもあります。施設職員は給与を受け取っているので仕事として弱者の世話をしています。一方、肉親の場合は、親子の血のつながりが世話の担い手としての根拠となっています。

血縁関係が望ましい理由は二つ考えられます。ひとつは、親子は利害ではなく愛情で結ばれているからという考えです。親は子を、子は親を愛しているに違いないので、世話をして当然ということです。もうひとつは、面倒を避けるためです。親子の間であればお互いのことを知り尽くしているはずですから、世話の内容に関して細かい取り決めをしなくても済みますし、問題が生じたときも話し合いでうまく解決できるということです。でも親子で世話をし合うことはそれほど望ましいことなのでしょうか。確かに、愛情に根ざした世話といえば美しく聞こえますが、現実はそれほど単純なものではありません。とりわけ肉親の愛は世話をするうえで困難を引き起こすことがあります。

肉親の愛の難しさは両者が対等ではないという点です。子どもは生まれてから親に育てられるので親から一方的に愛を受け、しかもそれを拒絶できません。いわば上下関係を前提とした愛なのです。したがって、ややともするとそれは親から子への支配的な愛につながり、親のすべての行動が子への愛という名のもとに容認されてしまいがちです。

そして、今度は親が年老いて弱者になると両者の立場は逆転します。子が親に育ててもらった恩に報いようと熱心に世話をするならば問題ありませんが、幼児期に虐待を受けていたりすると親への報復という形で表面化する怖れもあります。また、いつまでも親としてのプライドを捨てきれない高齢者は、肉親の愛があるとはいえ、子どもに衣服の着脱から排泄《はいせつ》の世話までしてもらうのはやりきれない思いでしょう。

家庭内で弱者の世話をすることのもうひとつの問題は密室性です。家庭内で何が起きているかを外部者は知るよしもありません。寝たきりの親の介護に疲れた息子、あるいは障害児の将来を悲観した親などが引き起こす殺人事件は後を絶ちません。そして、家庭内での介護の苦労は事件が起きてからはじめて世間に知らされるのです。こうした家庭内のトラブルに関しては、近隣住民が薄々気づいていることもありますが、隣近所であるがゆえに、遠慮があって警察や児童相談所などに通報しづらいのです。

このように親子の愛情を頼りにした弱者の世話はきわめて危険な要素を含んでいます。その点、経済的な取引関係として割り切れる施設であれば、こうした問題は回避できるように思われますがどうでしょうか。

施設による弱者の世話

肉親が弱者の世話をできないこともあります。高齢となった親が体力的にも精神的にも障害のある子どもの世話を継続できない、身寄りがないために高齢者の世話をする親族がいないといったケースです。戦後の弱者向け福祉政策はこうしたニーズに応える形で数多くの施設を建設してきました。障害者施設、特別養護老人ホームなどがそれにあたります。

このように日本の福祉政策は、国家が肉親に代わって弱者の世話をするという発想でスタートしたため、家庭から施設への転出はいわゆる行政処分として扱われることになりました。たとえば、ある身寄りのない高齢者が脳梗塞で倒れ半身不随になったとき、行政がこの高齢者を特別養護老人ホームに措置、し、受入先の施設に一定額の措置費を支払うのです。この弱者政策は措置制度と呼ばれ、障害者もこの方式に則って行政処分を受けていました。

この制度のもとでは、肉親ではなく第三者が世話をする見返りに施設に措置費が支給されるわけで、経済的な取引関係のように見えます。しかし、弱者は行政の手によって施設に割り振られるため、施設サイドには行政の仕事を代行しているという意識が働きやすくなります。はたしてこれで消費者の方を向いたサービスが提供されるでしょうか。

こうした状況を改善すべく、二〇〇〇年より高齢者向けに介護保険制度、二〇〇三年には障害者向けに支援費制度が導入されました。制度の内容はそれぞれ異なりますが、意味するところは共通しています。それは、世話をされる側に主体性を持たせる制度にしようというものです。行政が弱者を措置するのではなく、弱者サイドがサービスを受ける消費者の立場として施設を選べるようにするというわけです。そうすることで施設は高齢者や障害者を顧客として扱い、サービスの内容に関しても、行政の顔色ではなく顧客のニーズに合わせて提供するようになると考えられるのです。

支援費制度の考え方はその後の障害者自立支援法へと引き継がれました。しかし、二〇〇六年に施行されたこの法律はきわめて評判の悪いものでした。その理由は、サービスにかかる費用の一割を障害者本人に負担させたからです。多くの障害者団体は「経済的に困窮している障害者に料金を支払わせるのはけしからん」と同法反対のキャンペーンを展開しました。また、障害者施設は利用料金の一割負担をさせれば、障害者が福祉サービスを受けられなくなる、需要抑制、福祉の後退と政府を非難しました。でも本人負担はそんなにひどいことなのでしょうか。経済学ではどんなサービスでもそれを供給するために費用がかかっている場合は、消費者に料金を支払わせるのが効率的だと考えます。その一例として大学の講義を考えてみましょう。日本の大学、おもに文系学部の場合、学生の授業への出席はあまり芳しくありません。「楽単」と呼ばれる「楽して単位をとれる科目」に履修者が殺到する一方、毎回のように宿題を課したり、中間テストを行う講義は敬遠されます。また、休講の掲示を出すと多くの学生は歓迎するようです。

でもこれを普通のサービスと比較してみると、とても奇異な現象だということがわかります。つまり「楽単」とは、レストランで高額のコース料理を注文したにもかかわらず、ファストフードのように簡単に食べられる料理が出てくるようなものです。そして休講とは、食券を買って料理を待っていたところ、今日は料理人が休みだから料理は出せず返金もしないといわれることと同じです。レストランでこのような扱いを受けたら腹を立てて当然でしょう。もう二度とこんな店には行かないし、周囲にも「あんな店には行かない方がいい」と忠告するはずです。でも大学では学生は腹を立てるどころか高い料金を払いつつも自ら好んでファストフードに群がり、料理が出てこないことを歓迎しています。そして、そのような店を紹介する雑誌までつくって、他の学生たちに教えてあげているのです。

このような事態を招いている原因のひとつとして、大半の学生が学費を親に負担してもらっていて、身銭を切っていないことがあげられます。自分が苦労して稼いだお金で大学に通っていたら、できる限り授業に出て元を取ろうと努力するのではないでしょうか[8]。つまり、こうした大学生たちは親の手によって大学に措置されているわけで、かつての障害者と同じ扱いを受けているとも考えられます。そして大学はこの大学版・措置制度の恩恵により、ファストフードのような講義をしながらも高級レストランの看板を掲げることができるのです。

このように考えてみると、弱者といえども自己負担をしないことの弊害が見えてきます。料金に見合うだけのサービスが提供されているかのチェックが甘くなるのです。たとえ少額であっても自己負担をすることで、弱者にもサービスを購入する顧客としての自覚が生まれるでしょう。質の低いサービスに対しては堂々と抗議ができるのです。そして、施設もそれに見合った対応を要求されることになります。

もちろん、施設と大学ではサービス提供者の数が違います。施設の数が絶対的に不足している現状では、弱者の側にどれだけ選択の余地があるか、そして市場機能が十分働くかどうかは不確定です。しかし、弱者の世話をもっぱら肉親の愛情に頼る制度よりも、経済原則を重視する方向性、すなわちよいサービスを提供し顧客の満足を高めることがビジネスの成功につながるような仕組みを取り入れることの方が、長期的に見たとき質の高い対弱者サービスの提供につながると思われます。

弱者の世話のインセンティブを高めるには

さきほど肉親は愛情をもとに弱者の世話をすると述べました。それでは血のつながっていない施設職員の仕事のやりがいはどこにあるのでしょうか。働いたことで手にする給与なのでしょうか。現場で弱者の世話に携わっている人たちの話を聞くと、どうもそうではないようです。給与よりもむしろ仕事の内容それ自体に興味を持っていないと続かないといいます。実際、社会福祉法人に勤務する従業者の平均給与は月額二〇万円程度で、全業種平均よりも一〇万円近くも低くなっています。給与が仕事のインセンティブになっているとは考えにくいのです。

給与が低い原因はどこにあるのでしょうか。ひとつは制度にあります。施設が福祉サービスの提供から得られる収入は、政府が定めた報酬単価に基づき、どのようなサービスを何人に対して何時間行ったかに応じて決まります。そこではサービスの質は問われません。能力の高い職員を雇い、質の高いサービスを提供しても、同じ内容のサービスであれば報酬は一緒です。いってみれば、レストランでビーフカレーという料理を客に食べさせる限りにおいては、何時間もコトコト煮込んで調理しようが、レトルト食品で間に合わせようが同じ報酬しか得られないのと同じです。

また、行政にしてみると、どの施設（あるいは職員）が「コトコト」タイプで、どれが「レトルト」タイプか見分けがつきにくいため、報酬は必要最小限のサービス提供に要するコストに見合う額とせざるをえません。したがって、職員たちの給与も低く抑えられることになります。でも、長く働いても給与が低いままでは職員の士気は下がるでしょう。将来のキャリア形成が描けなければ別の仕事を求めて転職してしまいます。一般に福祉職の定着率が低い原因はそこにあるのです。

　給与も含めた待遇改善によって、福祉職の仕事定着のインセンティブを高める方法は二つあります。ひとつは報酬単価を上げることです。ただ、現状のままで単価を上げてしまうと施設に経営努力のインセンティブが生まれません。歳出も増えることから、国民の理解を得るのも難しいでしょう。そこで考えられる方策は施設が提供できるサービスの範囲を拡大することです。たとえば、一定の研修を受けた職員のいる施設ならば、医療的ケアが必要とされる重症心身障害者を引き受けられるようにするとか、特別支援学校が生徒向けに行っている就労支援サービスを提供できるようにするといった規制緩和です。そして、これら新しいサービスを提供した施設には報酬を加算します。病院の医師や学校の教員は福祉施設の職員よりもよほど高い給与を受け取っていると思われますので、こうした方策を実施しても加算分を補ってあまりあるだけの医療費や教育費が節約でき、全体としてコスト削減につながるでしょう。

　もうひとつの方法は施設の規模を拡大することです。一例をあげましょう。東京の目黒区に本社がある株式会社「やさしい手」は、社員数は四八三〇人で、東京都内を中心に一三三の事業所を持ち、サービス利用者は二万人を超えています。これだけの規模があれば、人員の効率的な配置によるコスト節約ができるうえに、さきほど申し上げたような職員の能力に応じた給与体系を設けることもできます。

　この場合のポイントは、いかにして職員の能力を向上させ、それを評価するかということです。そこで「やさしい手」では職員向けにセミナーを実施し、基礎知識やスキルの習得を通じてキャリア形成ができるようになっています。たとえば、「統括ラインマネジャー候補者セミナー」は、部下の育成スキルや組織の活性化の手法について学び、マネジメント能力を高めるための研修です[9]。そして、評価に関しては、徹底した顧客満足度の把握によってそれを実現しています。同社で働くケアマネージャーなどの職員全員は、情報端末を携帯し、高齢者の家庭を訪れた時間、サービス内容、問題点などをすべて端末に入力することが義務づけられています。そして本社では、IT担当者が集まった情報を整理し、会社役員や管理者に伝えるプログラムの作成とメンテナンスを行っています。この情報により、会社の上層部は本社にいながらにして現場で何が起きているかを正確に把握でき、それを職員の評価に活用できるわけです。

福祉だからといって職員のモラルややる気だけに頼る施設運営には限界があります。モラルややる気はそのときの気分で変動しやすいうえに、それらが失われれば利用者への虐待にもつながりかねないからです。大切なことは、巧みな制度設計や経営上の工夫によって、サービスを受ける人たちの満足を高めることが職員の報酬アップにもつながるようにすることなのです。

ボランティアの役割

それでは金銭的なインセンティブが存在しないボランティアについては経済学的にどのように考えればいいのでしょうか。福祉職にインセンティブが付けにくいのであれば、いっそのこと無償で働いてくれるボランティアを弱者の世話にもっと活用してはどうかという議論もあるでしょう。

ボランティアは給与を受け取りませんが、自己犠牲者というわけではありません。金銭以外の満足を受け取っていると解釈すべきです。それは、世話をした相手の笑顔や感謝のことばだったり、自分の潜在能力を見出すチャンスだったり、そして将来の仕事へ向けての経験だったりします。

したがって、ボランティアには働くインセンティブがあるうえに、給料を払わなくてもいいわけですから人件費の節約にもなり、施設経営者にとってはまさに一石二鳥のようにも思えます。でも、皮肉なことに、実は給与を受け取らないという点こそがボランティア活用のネックとなるのです。

雇用主が従業員に支払う給与は、単に労働の対価という意味だけを持つものではありません。給与を支払うことによって雇用主は従業員に規律を求めることができます。すなわち、給与を渡しているからこそ仕事が不十分だったり怠けたりしている従業員を叱ることができるのです。無償で働いてくれるボランティアでは、雇用主はその仕事ぶりに不満があったとしてもそれを口にはできないでしょう。なぜなら、タダで手伝ってもらっているという負い目があるからです。

加えて、ボランティアの場合、ことばの定義から明らかなようにボランティアをする側に主体性があります。つまり、ボランティアはやる気を失えばその時点でやめてしまうのです。あるいは、その日の体調や気分、本業など別の用事によって突然キャンセルすることもあります。こうした不確実性の高いボランティアに重要な仕事を任せることはきわめてリスクが高いといえます[10]。

しかし、特別養護老人ホームや障害者施設などではボランティアを受け入れているところもたくさんあります。その理由は二つ考えられます。ひとつは、弱者の世話をする仕事の内容を世間に広く知ってもらいたいということです。ボランティア本人も含め、その交友関係などを通じて弱者の世話に魅力を感じてもらえる人を増やしたいという施設の願いです。

もうひとつは、施設内に外部の風を吹き込み、内部を活性化するねらいです。施設はどうしても限られた人だけが出入りする閉鎖的な空間になりがちです。閉鎖性は一般常識からはずれた独善性につながるおそれもあります。その点、ボランティアは外部の人たちであり、一般社会の常識から物事を見るため、施設などの問題点を発見しやすいのです。実際、施設の利用者が職員には直接いいにくい不満をボランティアには気軽に打ち明けることもよくあるといいます。

隔離型弱者政策の問題点

戦後の経済成長が一段落し、行政による福祉政策が積極的に推し進められた昭和五〇年代には、〇〇コロニーという名称を持つ巨大な障害者施設が全国各地に建設されました。障害者の手による楽園、夢の開拓地をつくろうという発想です。

ところが、施設ができあがり運用が始まると、こうした施設の問題点が指摘されるようになってきます。ひとつは財政の逼迫です。行政の手による施設は広大で維持費がかかるうえに、そこで勤務する職員の待遇は公務員並みであることから、弱者サービスに要するコストが年々財政を圧迫し始めたのです。もうひとつは、施設の隔離性です。さまざまな人たちが住んでこその社会であり、障害者だけが一〇〇人以上も集まって生活するという環境はどう見ても普通の暮らしとはいえないでしょう。

現在ではオンブズマンによる外部評価を取り入れている施設が一般的となっていますが、施設内部の問題はなかなか表面化しません。その理由は三つあります。ひとつは、重度の認知症高齢者や重症心身障害者は一般に意思の疎通が困難という点です。虐待を受けていてもその意識すらないかもしれませんし、また意識していたとしても第三者にうまく伝えることが困難でしょう。

理由の二番目は、先に述べたように利用者には施設の世話になっているという負い目があることです。そして、今の施設がいやだからといって直ちに別の場所に簡単に移れるわけではないため、施設に対して強い物言いがしにくいのです。

そして三番目は弱者を施設に預けている肉親の問題です。高齢者や障害者が本人の意思で施設を選択しているのであれば問題はありません。ところが、弱者は肉親に迷惑をかけたくない気配りからやむなく施設入所を選んでいる場合があります。このとき、施設は本人ではなく保護者となっている親や子どもの方を向いてサービスを提供するようになるでしょう。そして、サービスを受けている本人からの評価は表に出にくくなってしまうのです(11)。

施設解体とグループホーム

病院は患者という弱者に治療を施し、健康な身体に戻して社会に送り返す目的を持つ施設です。ところが、高齢者や障害者の世話をする施設は病院とは違います。なぜなら、こうした人たちには失われた機能の改善が望み薄だからです。そのため、老人ホームや障害者施設は「出口のない施設」と呼ばれることがあります。

出口のない施設は組織としての目標を失いがちになります。営利企業であれば、売上げ、利益、店舗数、企業価値など従業員全体を束ねる明確な目標があります。社会福祉法人などの非営利組織にはこうした数値目標がありません。そのかわり、創立者や経営者などが提唱する理念が求心力となります。しかし、理念はしばしば抽象的でわかりにくいうえに、あまりに当たり前すぎて励みにならなかったりします。明確な目標がなければ、いかに弱者救済の仕事を生きがいとする職員であっても、日々の場当たり的な仕事に追われていくうちにやる気を失い、モラルの低下につながってしまうでしょう。

こうした状況を受け、施設にも出口を設けようという考えが生まれてきました。それが「施設解体論」です。二〇〇四年に当時の宮城県知事だった浅野史郎氏が最初に提唱したことで有名なこの考え方は、巨大施設に隔離されている障害者が地域で普通の暮らしをすることを目指したものです。

障害者サイドに立てば、巨大施設で管理された生活を送るよりも、地域のなかでより自由度の高い暮らし方を選択できる方が望ましいといえるでしょう。一方、施設サイドからすれば、「施設解体」は施設に大きな目標が設定されることを意味します。すなわち、今後の施設は、弱者が死ぬまで過ごす「終《つい》の棲家《すみか》」ではなく、地域で普通の暮らしができるように支援する通過施設だということです。

「施設解体」の考えに先立つ形で、厚生労働省は一九八九年にグループホームという高齢者および知的障害者を対象とする居住形態を制度化しました。その後、一九九二年には精神障害者、二〇〇九年からは身体障害者も相次いで制度の対象となりました。グループホームとは高齢者や障害者たちが五人〜一〇人規模で共同生活を送るための集合住宅のことです。入居者は自分の部屋を持つ一方、風呂、ダイニング、キッチン、リビングルームなどを共有します。そして、世話人と呼ばれる人が調理、清掃、金銭管理などの支援を行います。

グループホームが施設と違うところは、その規模もさることながら、入居者の主体性を優先させている点です。施設は措置制度時代の流れを引きずり、職員と入所者の上下関係がなかなか抜けきれません。そして入所者は集団生活ということもあって、生活が画一的かつ管理的になりがちです。それに対してグループホームはあくまで入居者の個人的な住まいであり、世話人はその手助けをするという位置づけなのです。(12)

ハードよりソフト

グループホームをつくりさえすれば普通の暮らしができるというのは幻想に過ぎません。これまで日本の行政は福祉政策にせよ経済政策にせよ、ハードウェアさえ整えれば国民は満足すると考えてきたふしがあります。いくつかの施設を訪問してみればすぐわかることですが、行政から補助金が出るので立派な設備をつくったものの、それを効率的に活用できず持て余し気味なところは数多く見受けられます。

本来優先されるべきはソフトウェアの方なのです。はじめにアイディアがあり、それを実行に移す段階で必要とされるハードウェアがわかってくるからです。ところが、行政処理の観点からいえば、必要なハードは施設の設立時にインストールしておく方が楽です。後から建物を改造したり、設備を積み増したりするとその都度役所に日参し、補助金を受けるために趣旨説明やら何やらする必要があるためです。

施設運営のために役に立つソフトウェアの開発には特殊な能力を必要とします。これは営利企業では経営センスといわれるものです。弱者向け施設は営利事業ではないので、利に聡い人が必ずしも経営に向いているわけではありません。しかし、措置から支援、さらには障害者総合支援法へと制度が変わったことで、行政からの委託を受け措置費の範囲内で弱者の世話をするという親方日の丸的な経営感覚では施設運営はうまくいかない時代となりました。

ソフトが優れているという点では、北海道浦河町にある社会福祉法人「べてるの家」をあげておかなければなりません。この施設は、浦河赤十字病院でソーシャルワーカーとして勤務していた向谷地生良氏がそこに入院している精神障害者たちとともに地域生活を目指して設立したものです。その特徴は、精神障害を頑張って治そうとするのではなく、グループミーティングを通じて徹底的に自分たちの病気と向き合い、それを否定せず受け入れるという逆説的な発想で運営されている点です。現在では、その独特のノウハウは「べてる方式」として全国にその名が知れ渡り、講演は引く手あまたで、当事者や関係者はもちろん、精神科医までもが勉強に訪れるほどの人気ぶりです。

かつては公共投資と同じ意味合いから巨大施設をめぐる誘致合戦が行われたこともありました。しかし、こうした施設をつくっても、大半の入所者は敷地から外に出ることも少なく、施設内で必要とされる物資は外部業者からまとめて調達されるため、結局のところ町おこしにはつながらなかったという経緯があります。もはや建物だけでは弱者救済はうまく機能しないのです。規模は小さくても、アイディア次第で弱者を取り込んだ画期的な地域社会をつくれる時代になったことを認識すべきです。

社会に貢献する喜び

地域で暮らすということは、地域社会のメンバーとして暮らすことを意味します。経済力のない社会的弱者が周囲に遠慮しつつ頭を下げながら生活するのではメンバーとして認められているとはいえません。もちろん、働いて税金を納めることができればこうした遠慮もいらなくなるので、弱者にとって一般就労はひとつの目標となるでしょう。

しかし、働くことだけが地域メンバーとしての資格ということになってしまうと、就労に結びつくだけの人的資源を持たない弱者は永遠にメンバーにはなれないままです。こうした状況を改善するには、就労の形態をより多様化し、いろいろな働き方を認めるような社会に変えていく必要があります。正社員が勝ち組で、派遣やフリーターは負け組といった線引きはやめ、どのような形でどれだけ活動しても十分な社会貢献であると認めていくような環境づくりをしていくことが望ましいでしょう。

どのような人間でも、世の中の役に立つことは嬉しいものです。それは金銭の多寡に依存しません。商品が大ヒットした場合でも、利益そのものの大きさよりも、市場で広く消費者に受け入れてもらったことの方が成功の喜びになるでしょう。つまり、カネへの欲求があって仕事が生まれるのではなく、仕事の喜びが先にあり、カネは後からついてくるのです。

こうした喜びを弱者も味わうことが必要です。私が取材のためにある施設を訪れたとき、休みを取っていた職員に代わって車いすに座る利用者のひとりが私の案内役を買って出てくれたことがありました。一時間以上にわたって丁寧な説明をしてくれたあと、私がすばらしい案内役だったと伝えると何ともいえない嬉しそうな表情を見せてくれました。仕事の価値が受け取る報酬の多寡で評価される世の中になったら、人的資源の不足する弱者にとって社会の一員としての誇りはどこかに吹き飛んでしまうでしょう。

弱者の救済とは、社会が庇護することではありません。障害があっても、特定の技能に秀でた人ならばそれをできるだけ活用する形で社会貢献に結びつける工夫が必要です。働く意欲のある高齢者ならば働いてもらった方がいいでしょう。そしてそうすることが弱者本人にとって生きる喜びにつながるような制度づくりをすべきだといえます。

弱者のレッテルをはがそう

この章のはじめに弱者とは社会から与えられた身分のひとつだと述べました。当人たちのなかには、弱者という枠組みで一括りにされ悔しい思いをしている人もいる一方で、弱者であることを世間に訴え、行政により多くの生活保障を要求しようとしている人もいるでしょう。

行政とすれば、経済力を持たない人たちを弱者として認定しておいた方が行政処理の点からもコストをかけずに保障プログラムを策定できるので便利です。そして、世間一般の人たちは、弱者救済イコール社会が認める善行、弱者切り捨てイコール悪行とみなし、企業や個人が弱者に対してとる行動をモラルの判断材料にしているのです。

この弱者本人、行政、世間という三者の微妙なバランスのもとで現在の弱者という身分が形づくられています。こうした枠組みは今後も続いていくのでしょうか。

まず、行政の弱者対策は明らかに方向転換を見せようとしています。七〇歳以上の高齢者の医療費は二〇一一年度で一三兆円を超え、全体の三五％にも達しています。先進国のなかでも最悪の政府債務を抱える日本として、これからは支払い能力のある高齢者には負担増を求める動きも出てくるでしょう。

国民年金についても、働ける高齢者には支給開始年齢をさらに遅らせることになるかもしれません。また、すでに日本の障害者福祉制度は、保護される弱者ではなく自立する一般市民を目指す障害者に対して周囲が支援することを前提とした内容となっています。この流れが大きく変わることはないでしょう。

戦後の高度経済成長により国民の生活水準は飛躍的に高まり、それに伴って日本の福祉制度も他の先進国並みに充実してきたことは否定できない事実です。金額的に不十分という指摘はあるにせよ、障害基礎年金という無拠出の年金制度が障害者に適用されたこともその成果と見るべきでしょう。こうした状況にあって、弱者が政府により一層の手厚い保護を要求することは難しいと思われます。本章のはじめに述べたように、これ以上の要求は世間一般の目には弱者としての身分を逸脱した行為と映ってしまうからです。そして、弱者を装い、過度の保障を受けようとするごまかしが生じる危険もあります。

その一方で弱者のなかには、本当に生活に窮している人たちがいることも事実です。とりわけ弱者としての認定を受けていない人たち、あるいは弱者としてのレッテルを貼られたくないがために認定を受けることを拒む人たちが福祉の手からこぼれている点は見逃せません。私たちの社会が変化すれば、社会と不適合を起こす人たちの内容も変化していきます。極端な話、事故や犯罪など人生のレールから逸脱してしまうような出来事が身に降りかかってくれば、誰でも簡単に弱者になってしまいます。リストラなどで仕事を失ったとき、蓄えがなく次の職場も見つからなければ、待っているのは生活保護かホームレスでしょう。でもそこで障害者手帳があれば、月六～八万円の年金を受け取ることができます。はたして弱者とは誰なのでしょうか。その定義はとても難しくなっているのです。

弱者という身分を定義したうえで福祉サービスを提供するという今までの福祉政策は、これからの時代にふさわしいやり方とはいえません。むしろ、さまざまな特性を持つ人たちが世の中に存在することを認めたうえで、そうした人たちに能力を発揮してもらうことで弱者をつくらないようにする方策こそが最も効果的な福祉政策だと思えるのです。

注

(1) 安倍政権は二〇一四年四月から高齢者医療費の自己負担を一割から二割に引き上げるとの公約を掲げています。本書が出るころには二割になっているかもしれません。

(2) 和製英語に「イメージ・チェンジ(イメチェン)」ということばがあります。髪型や服装を大胆に変えたりすることによって、周囲が持っている従来の固定的なイメージを変えようとする試みのことをいいます。こうした表現は、まさに一度できあがった固定観念をあとから覆すことの困難さを表しています。

(3) 私の知る限り、優先席がないのは横浜市営地下鉄ぐらいです。横浜市交通局はこれに関して、「すべての座席が優先席」との見解を示しています。

(4) 二〇〇六年一二月にはハートビル法に代わってバリアフリー新法(正式名称は「高齢者、障害者等の移動等の円滑化の促進に関する法律」)が施行されました。それまでは建造物や公共交通機関などのバリアフリー化が個別の法律で規定されていましたが、この法律ではそれらがすべて統合されています。同法で違反行為があった場合は監督庁から勧告を受け、それでも従わないときは三〇〇万円以下の罰金を支払うことになっています。

（5）こうしたマイノリティに対する差別のことを「統計的差別」と呼びます。

（6）二〇〇六年に施行された障害者自立支援法に対して、障害者団体は厚労省前で反対のデモンストレーションを行いました。このように行政が障害者に追加的な負担を求めたりサービスの内容を変更したりしたときに、障害者団体は反対の声を上げますが、「障害基礎年金を増額せよ」といったデモは行いません。財政赤字を改善するため、社会保障制度の見直しが叫ばれているなか、年金の増額を求める行為は「分不相応」だと認識しているからかもしれません。

（7）この差別の定義を最初に提唱したのはシカゴ大学教授のG・ベッカーという経済学者です。彼は、結婚や犯罪などさまざまな社会現象を経済学的に分析したことで有名です。

（8）もちろん、大学という教育機関が学問を授けるところではなく、学生の能力を推し量るための学歴というシグナルを提供している場所に過ぎないとの考えに立てば、話は変わってきます。その場合、学生は学歴を手に入れたいだけで学問を修めるつもりなど毛頭ないため、仮に自腹で授業料を納めていても「楽単」ばかりを履修する可能性も出てきます。

（9）高齢者の介護をするホームヘルパーは、単調な肉体労働の仕事に偏りがちで定着率が高くありません。そのため「やさしい手」では、ヘルパー二級取得者に対しても、研修を通じた介護福祉士や介護支援専門員へのキャリアアップの機会を提供しています。

（10）二〇〇五年二月に開催されたスペシャルオリンピックス長野大会では、一万人以上のボランティアが活躍しましたが、そこでの重要な問題は不確実性の高いボランティアをいかにうまく受け入れるかという点だったそうです。そこで運営サイドがした工夫とは、開催の半年近く前からボランティアの研修を行い、知的障害者とはどういう人たちか、そしてどう接すればよいかなどの知識を学習させたのです。研修は単に知識を与えるだけの意味にとどまらず、研修に参加したボランティアたちにとってスペシャルオリンピックスに参加する意欲を高める効果をもたらしました。その理由は、学習したことを本番で生かしたいと考えるからです。さらに、ドタキャンを防ぐ効果もありました。それは参加しないと時間をかけて学習したことの意味がなくなるからです。運営サイドの話では、こうした研修に要したコストはボランティアで節約できた労務費を上回るものだったといいます。このようにコストの節約になるどころかむしろ持ち出しにもなるボランティアを受け入れる意味は、スペシャルオリンピックスの存在を広く知ってもらおうということだったそうです。

(11) 施設によっては、保護者と職員が過度に仲良くなることを禁じているところもあります。施設長の話によれば、両者の間が緊密になると、職員は利用者本人ではなく保護者の方を向いてサービスを行うようになるからとのことです。

(12) グループホームはプライベートな住居であるため、勝手に見学することはできません。あくまで入居者の許可を得たうえで内部を見ることが許されます。

第5章　経済学は懐の深い学問

自然界の動物は本能に従って生きています。でも、その結果として自然が破壊されることはありません。自然界に存在する秩序により、動物が気ままに行動しても自然の生態系はきちんと維持されます。これが自然の摂理というものです。この仕組みは人間の世界にも当てはまるのでしょうか。すべての人間が本能の赴くままに行動したらどのような世の中になるかと問われたら、おそらく多くの人は見るに堪えない社会になると答えることでしょう。

そのように答えるわけは、人間の欲望に限りがないと考えられているからです。野生の動物は本能に任せて行動しても必要以上の活動はしません。サバンナのライオンは空腹が満たされれば狩をやめてしまいます。ところが、残念ながら人間はそうではありません。必要以上に働いたり、飲食したり、性交渉をしたりします。その結果、自然界ではまず起こりえない過労やストレス、肥満、性感染症といった人間独特の現象が観察されるのです。

経済学に対する批判として、こうした人間の欲望の追求を賛美しているというものがあります。経済学者は何かというと「市場に任せよ」とか「個人の選択の自由を増やせ」などと繰り返しますが、そんなことをしていたら人心は荒れはて、殺伐とした世の中になる、というのです。本章では、こうした経済学への批判を真摯に受け止め、これまで本書で扱ってきた伝統文化、宗教、弱者という視点を織り交ぜながら、経済学もまんざら捨てたものではないことを示していきたいと思います。

技術進歩

人間の果てしない欲望は、これまで幾度となく成長の限界と呼ばれる壁に直面してきました。たとえば、イギリスの経済学者、T・マルサスは、一八世紀の終わりに著した『人口論』のなかで、人口が幾何級数的に増加するのに対し、食物生産は算術級数的にしか増えないため、人口を抑制しない限り人間は貧困にならざるをえないと予言しました。また、同じころD・リカードという経済学者も、経済成長によって土地の開発が進めば、土地の肥沃度は次第に劣化して生産性は下がると考えていました。

しかし、こうした予言は的中しませんでした。なぜなら、一八世紀のイギリスに端を発した産業革命が生産性を向上させたからです。すると今度は、W・ジェボンズという経済学者が、産業革命を達成したイギリス経済は将来的に石炭の枯渇によって経済停滞を迎えると予言しました(1)。

石炭枯渇の問題も、石油という新たな天然資源の開発によって解決されました。このエネルギー革命によって、動力機関の効率性がアップし、工業生産は飛躍的に拡大しました。そして、第二次大戦の痛手から立ち直った二〇世紀後半には、多くの先進国において経済成長の果実として生活水準は大幅に改善したのです。

それも束の間の一九七二年、ローマクラブより『成長の限界』という本が発表されました。そこでは、「世界の人口、産業化、汚染、食糧生産、資源枯渇という問題に関して今の状態が続くとすれば今後一〇〇年で人類は成長の限界にぶつかるであろう」との指摘がなされ、翌一九七三年のオイルショックでそれが現実のものとなりました。

二度にわたるオイルショックは原子力など代替エネルギーの開発と省エネ技術の進歩によって何とか乗り切ったものの、一九九〇年代に入ると新たに地球環境という難題が立ちはだかります。化石燃料の燃焼によって二酸化炭素の排出量が増えたために、地球に熱がこもりやすくなり気温が上昇し始めているというのです。他にもフロンガスの使用でオゾン層が破壊され、有害な紫外線による健康被害の問題も指摘されています。

さらに頼りにしていた原子力エネルギーについても、二〇一一年の東日本大震災による原発事故の発生で安全神話が崩れ、被災地を中心に多くの国民の信頼を失いました。原発を火力発電に置き換えれば、二酸化炭素の排出量を減らすのは難しくなります。かといって太陽光や風力といった再生可能エネルギーの開発はまだ十分とはいえません。

こうした地球環境の問題は、単純な加害者と被害者の間の利害関係に帰着できないという難しさがあります。すべての人が加害者でもあり、被害者でもあるからです。さらに、経済成長をある程度犠牲にしない限り根本的な解決は不可能です。先進諸国はすでに成長をなし遂げ、国民は豊かな暮らしを手に入れていますが、インドやアフリカ諸国などの途上国はこれから経済成長を通じて豊かになろうとしています。いくら地球環境のためとはいえ、こうした国に対してこれ以上成長するなとはいえないでしょう。

これまで人間は技術革新によって危機を乗り越え、経済成長を実現してきました。壁にぶつかったとき、それを崩す方法を考え出し、さらなる前進を試みるのは人間の本能ともいえるでしょう。その本能の働きによってさらなる欲望の充足は可能となるのでしょうか。

伝統文化

第2章で述べた伝統文化は技術革新の対極に位置する存在です。むしろ、新しさを追い求めないことが存在価値であり、生き残りの鍵となります。そこでの主たる目的は、数百年前から伝わる技法を受け継ぎ、次世代に継承することです。

どのような文化も元をたどれば実用的な価値を持っていました。文化の技法自体が世の中の役に立っている限り、生き残りはそれほど難しくありません。それは戦国時代の剣術と同じです。しかし、時代は移り、技術革新によって新たな技術が登場してくると、旧技法は生き残るための選択を迫られます。選択肢のひとつは自らも技術革新によって新しい技と競争することであり、もうひとつは古い技法を守り抜き伝統文化として昇華させることです。

実用的な価値とは人間の生活をどのくらい便利にしてくれるかで評価されます。利便性や快適さに対する人間の欲求には際限がありません。次から次へと便利なものが登場してくるため、トップランナーを維持するには永遠に競争していなければならないといえます。

こうした競争から逃れるためには、実用性以外の価値を見出すことが必要です。たとえば、現代人のニーズとして、ストレス解消、心の安息、精神修養といった精神面での安定があります。伝統文化はそれに応えることで生き残ることができるのです。

こうした価値の提供は、際限のない欲望の追求とは無縁の世界です。なぜなら、ストレス解消を際限なく追求してもそれほど満足が高まるとは思えないからです。もちろん、精神修養のように境地に達するために長い道のりを要するものもありますが、それは物欲のように消費さえすれば満たされるという単純なものではないでしょう。

また、伝統文化の効能である精神的安定は、人によってさまざまなプロセスを経て実現されます。ある人は剣術の稽古に打ち込むことでストレスが解消されるでしょうし、またある人は茶室で静かにお茶を点てると心が安らぐかもしれません。特定の商品やサービスに爆発的な需要が生じるようなことはないのです。

このように伝統文化は人間を欲望の追求から解放することで資源の無駄遣いを抑え、本能の暴走による社会的な混乱を防ぐ働きをしてくれるのです。

宗教

欲望の暴走を抑える働きは宗教にもあります。第3章で述べた通り、おおむねどの宗教にも戒律という出家者や信者のモラル規定があり、それは行動抑制的な働きを持っています。とりわけ、仏教には「少欲知足」という興味深いキーワードがあります。

満足を高めるためには、生産や消費を増やし、充足度を上げるというのが常識的な考えです。ところが、仏教では欲を少なくすればよいといいます。欲があるからそれを充足しようとして苦労するというのです。欲求そのものを減らしてしまえば、低い充足度でも満足した生活が送れるようになるわけです。

アメリカのフォーブス誌などを見ると、世界の億万長者の名前が掲載されています。しかもどの人たちも現役バリバリのビジネスマンです。なかには総資産が五兆円もあるのにまだ働いている人もいます。仏教の考え方によれば、こうした人たちは充足度が高まるとそれに応じて欲望も拡大し、いつまでたっても満足が得られない状態にあると説明されます。

これは六道輪廻《ろくどうりんね》の餓鬼《がき》そのものといえるでしょう(2)。餓鬼とはいくら食べても飲んでも満たされず、ひたすら飲食物を求めて徘徊する者のことをいいます。この苦しみから抜け出すには、欲をほどほどにし、ものごとにこだわらない心を持つことが肝要だと仏教は説きます。だからといって、仏教は禁欲を無理強いするわけではありません。欲を抑えすぎるのも好ましいとはいえません。釈迦《しゃか》が心の安寧を得ることができたのは、欲望をすべて否定するのではなく、何ごとにもこだわらないで生きる中道《ちゅうどう》という発想に行き着いたからなのです。

宗教が持つこうした禁欲的な発想は矛盾も抱えています。仮に、世の中のすべての男性が、タイの僧侶のように生産活動は一切せず、お金と女性には触れないといった生活を送ったらどうなるでしょうか。おそらく経済は成り立たなくなるでしょう。将来の出世やリッチな暮らしを夢見て頑張る人たちがいるからこそ、新しい技術やノウハウが開発され、経済成長が実現できることも事実だからです。

私たちの暮らしが経済活動と切り離せない以上、宗教の役割は普段から欲にまみれた生活をしている私たちに対して、ひととき餓鬼状態から解放し、心の安息を与えることだと解釈できます。それはキリスト教でいえば日曜礼拝への参加や教会での懺悔、仏教なら坐禅、念仏、布施などの実践、そしてイスラム教におけるラマダンなどの活動によって、信者に日常性からの脱皮体験をさせることを意味します。逆に、これらの宗教活動を通じて得られる倫理面の支えによって、人間は安心して欲得ずくの日常活動に打ち込めるともいえるのです。

市場経済

これまでの流れをふまえたうえで経済学の話をすると、ほとんどの読者の方は「欲望の追求を賛美する経済学に何が語れるか」と懐疑的になられるに違いないでしょう。あえていわせていただくなら、それこそが経済学への誤解なのです。経済学は欲望を賛美してはいません。人間の欲望が無限であることをふまえ、限りある資源をどうすれば効率よく活用できるかを考えるのです。

そこで考え出されたアイディアが欲の有効活用、すなわち市場メカニズムの導入です。市場経済というと欲望が渦巻くどろどろした世界という印象を持たれがちですが、その本質はむしろ限りある資源を大切に使ってくれる適任者を見つけ出す場と考えるべきです。そしてそのために用いられるのが価格です。

ここで価格のない世界の例として、ホテルのバイキングを思い起こしてください。こうした食べ放題方式では、客は単価の高そうな料理に殺到します。殺到するだけならよいのですが、問題は食べ終わった後の惨状です。テーブルの皿の上には食べ残しが散乱し、どう見ても沢山取りすぎたと思われる様子が多く見られます。こうなる理由は、バイキングで並べられている料理に価格がついていないためです(3)。食事を用意するのにコストがかかっていることを考えれば、食べ物が無駄に消費されている状態はどう見ても効率的とはいえません。

市場経済のもとでは、希少な資源ほど高い価格がつきます。また、不作などが原因で品薄状態になっても価格は上昇します。価格の上昇は消費者に節約を促すでしょう。そして、高いカネを払って買ったものなら大切に使おうとするに違いありません。つまり、価格の働きによって欲望の暴走が抑えられるのです。

もちろん、こうした市場経済がうまく機能するためには条件があります。ひとつは市場参加者の数が多いことです。参加者が少ないと、一部の人たちが価格を操作しやすくなります。そうなると価格が希少性の真のシグナルとして機能しなくなるのです。

二つ目は、資源に持ち主がいなければならないことです。所有権が与えられてこそ資源は大切に扱われます。誰の持ち物でもない公共的な財産は、「共有地の悲劇」といわれ、その場限りの利益を追求する人たちにとって略奪の対象となってしまう恐れがあります。地球上の森林や海洋などの資源が徐々に失われつつあることもその一例です。

そして、最後の条件は市場での取引に透明性があることです。消費者が商品やサービスの情報を十分知らされていないと不良品をつかまされたり、カネを騙し取られたりすることがあります。また、品質の高い商品を消費者が正しく見分けられないと、正当な対価を受け取れないと判断した業者は市場から撤退してしまいます(4)。

こうした条件を整えるのが市場でのルール、すなわち経済法です。もちろん、法律で定めなくても、市場参加者が暗黙の了解として守っているルールもあります。また、市場規模が大きければ、消費者を騙すような業者は悪い評判がたち、自然に淘汰されていくことでしょう。ただ、市場参加者が広範囲にわたることから互いに顔も知らずにネット上で取引するような場合や、市場規模が小さすぎて評判効果が働かないケース、そして医療サービスのように命に関わるケースなどでは、法律によって明確なルールを定めるとともにそれを監視する機関が必要となってくるでしょう。

このように、市場経済は人間の欲望を助長することが目的なのではありません。希少性のある資源を人間の欲望の暴走から守ることが本来の役割なのです。

自由のコスト

自由と不自由のどちらを選ぶかといわれれば不自由を選ぶ人はいないでしょう。経済学でいう自由とは選択の自由のことです。好きな仕事に就けること、好きなものを買えること、好きな人と付き合うことなど、社会のルールのもとで許されることであれば何を選択しても構いません。

でも、私たちは自由を楽しむにはコストがかかることも知っています。たとえば、学生時代に制服で通学していた若者が大学に進学したとします。このとき、この若者は服装の自由を得る一方、毎日大学に着ていく服を自分で選ばなければならなくなります。服装のセンスに優れた学生ならば、まさにチャンス到来、腕の見せどころとなるでしょう。他方、そうでない学生は当惑するでしょう。色合わせのよくない服を選んでしまい、周囲の笑いものになるかもしれないからです。

レストランにコース料理があるのはなぜでしょうか。なかにはシェフおまかせコースというものまでありまます。これらは明らかに客の選択の自由を制限しています。自由を望む人たちばかりならば、アラカルトメニューだけあればそれで十分でしょう。

客にとってこうしたコース料理のメリットは、前菜からデザートまでの適切な組み合わせを選ぶというコストを節約できることにあります。とりわけ、客を接待するときのように、食事そのものが本来の目的というわけでもなく、また慣れない店で接待客に料理を選ばせる面倒を省きたい場合には、コース料理ほど便利なものはないでしょう。

日本には「○○の楽しみ方」などというタイトルの本がたくさん出ています。なぜ楽しみ方を他人に聞く必要があるのでしょうか。自分が楽しければそれでいいはずですね。これもコース料理と共通しています。楽しみ方を自分で開発するにはコストがかかります。また、自分の楽しみ方があまりにユニークだと、他人から嘲笑されるのではないかという不安もあります。その点、権威ある人が「楽しい」といってくれたものならば、安心して楽しめるのです。

進んで自由を制限する人間

エスカレータに乗ったことのある人なら誰でも気づくように、関東では立つ人は左側、歩く人は右側と暗黙のルールができています。関西でも左右の向きは逆ですが同じ現象が見られます。

確かにエスカレータのルールは合理的です。高速道路の走行車線と追い越し車線のように区分すれば、ゆっくり移動したい人と急ぎたい人が混乱せずに共存できます。しかし、本来ならエスカレータのどちら側に立つかは自由なはずです。誰が命じたわけでもないのに、自然にルールができあがり、しかもそれを皆が守っているのです(5)。

これと同じ現象が伝統文化と宗教のなかに見られます。伝統文化は細かいルールで雁字搦《がんじがら》めになっています。それぞれの流派において独自の作法が決められ、それに従うことが義務づけられます。宗教も同様ですね。戒律というモラル規定によって人間の生活様式に制約を加えています。これらに共通する興味深い点は、伝統文化や宗教に関わっている人たちは、自ら進んで制約を受け入れ、しかもそれを楽しんでいるということです。つまり人間は、自由な状態に置かれていても自由を制限するようなルールを自らつくってしまうのです。

一人暮らしや一人旅は、誰にも気兼ねする必要がなく自由気ままに行動できます。でも、私たちはあえて結婚や団体旅行といった不自由な選択をします。その理由は、そうした不自由さにも利点があるからです。

結婚や団体旅行の利点は、複数で時間を過ごすことが楽しいということに尽きるでしょう。特に価値観の近い人たちと一緒にいることは、共通の話題が生まれ、情報がシェアーできるのでなお楽しいと思われます。他方、一人で行動するときには、一緒に楽しめる相手が欲しければ自分でコストをかけて探さなければなりません。知り合いの異性と連絡を取り、都合を聞き、スケジュールを調整する必要があるのです。

伝統文化の世界では、特定の文化的価値を認める人たちが集まって団体を構成しています。そこでの知識はきわめて狭い領域に限定されるため、情報が集中し、メンバー同士の会話は楽しいものとなります。さらに技法が細分化されればされるほど、流派の独自性を強調することで、自らの優位性をメンバーと確認しあうこともできます。

団体で過ごす時間は楽しいことばかりではありませんが、つらいことでも仲間と一緒ならばいい思い出に転換することができます。お互い力を合わせて困難を乗り越えた経験は夫婦の絆を強めるでしょう。飛行機でハイジャックなどの災難にあったとき、危機を乗り切ろうと乗客同士の結束が強まることはよく聞く話です。高校や大学などの運動部では、不必要に厳しい上下関係やトレーニングを課すことがあります。一見すると非合理的なようですが、こうした厳しい状況を皆で乗り切った後には強い結束力と懐かしい思い出が残ります。

人間が自由気ままに行動すれば無秩序な社会ができるというのは行きすぎた心配といえるのではないでしょうか。人間には、完全な自由を嫌がり、集団をつくることによって自らをルールのなかに置いて安心しようとする傾向があるのです。

組織が問題を起こすとき

個人による好き勝手な欲望の追求が社会問題につながることはあります。カネ欲しさの強盗や無差別殺人、脱税、詐欺などがそれに当たります。しかし、市場経済ゆえに犯罪行為が多発するとは必ずしもいえないでしょう。なぜなら、行政が強い権限を持った場合でも、贈収賄、天下り、官製談合、税金の無駄遣いなどの社会問題は起きるからです。どちらの方が社会に多くの負担をかけるかは微妙ですね。

むしろ社会的に大きな問題となるのは個人の犯罪というより組織の犯罪です。これまでの企業がらみの犯罪を思い起こしてみれば明らかなように、その金額の大きさ、影響の及ぶ範囲の広さという点で個人の比ではありません。そしてより重要なポイントは、組織の犯罪は必ずしも個人の欲望の追求とは整合的でないということです。

前に団体を組織すると個人の自由は制限されると述べました。そしてその背後には、自由を享受するためにかかるコストを節約したいという人間の欲求に加え、グループで同じことをする楽しさが存在することも指摘しました。これは一種の危うさといってもよいでしょう。一般社会から隔絶されたグループのなかで独自のルールをつくり、それに皆が従って行動することにインセンティブがあることを示しているからです。

カルト集団と呼ばれるものがありますね。特定の教祖や信条を求心力として熱狂的な信者が集まって構成するグループのことです。もちろん、すべてとはいえませんが、ときにカルト集団は一般から見ると常軌を逸した思想や修行に傾倒していることがあります。その実態は、カルト集団内部で発生した暴行や殺人などの事件によって明るみに出ることが多いようです。

信教の自由という憲法の後ろ盾がある以上、信者たちが自らの意思で選択しているのであれば、他人がそれにとやかく言う筋合いのものではありません。ただ、一般の宗教や伝統文化の世界でも常識からかけ離れていると思われる部分はあります。たとえば、大相撲の力士たちの一日二食昼寝付きの日常生活を見れば、どう見ても普通の社会人とは思えません。また、一般に大学の教授会は時間無制限でだらだらと続くことが多いようですが、普通の営利企業でこのようなことをやっていたら迅速な意思決定はできないでしょう。要するに、ここで問題となるのは、組織としての当たり前になっている行動が一般社会の常識から外れていることがよくあるということなのです。

企業犯罪は個人が悪いのでしょうか

最近のテレビでは、企業トップの取締役たちがカメラの前で一列に並び、一斉に頭を下げる場面がよく報道されます。企業の起こした不祥事に対する「お詫び会見」です。それを見て釈然としないものが残りませんか。外見による判断は禁物とはいえ、これだけ立派な企業のトップに立つ人たちのモラルがわれわれ庶民と比べてそれほど低いとも思えないのです。問題の本質は、個人なら悪いことだとわかっていることでも組織になると歯止めがきかなくなる点にあるのではないでしょうか。

閉鎖された組織のなかにいると、常識から外れたことをしているという意識は次第に薄れていきます。それは何も企業に限ったことではありません。たとえば、大相撲には年寄名跡《としよりみょうせき》という伝統的な風習があります。これは現役引退した力士がその後も相撲協会に在籍するための証明書のようなもので、師匠から弟子へ代々受け継がれることになっています。歌舞伎でいえば市川團十郎のようなものですから、名跡の継承自体に何か問題があるわけではありません。しかし、大相撲の特殊性はこの名跡に価格がついて取引されていることなのです。

角界関係者の話では、あくまで名跡は継承されるものであって売買の対象ではなく、そこに金銭のやりとりがあったとしても当事者個人の問題で協会とは関係がないということのようです。しかし、常識的に考えれば、六十五歳の定年までの在籍を保障してくれる年寄名跡には生涯所得とほぼ同等の価値があると考えてもおかしくありません。ましてや世間常識とはかけ離れた習慣にどっぷり浸かった引退力士にそれほど魅力的な次の職場が用意されているとも思えません。したがって、それだけの価値のある年寄名跡が無料で継承されていくと考える方がおかしな話であって、他人相手ならば譲渡、親族ならば相続されると考えるのが自然でしょう。

もちろん、年寄名跡の売買は企業犯罪ではありません。しかし、過去には、継承をめぐる民事訴訟の結果、財産価値が認められたケースや、名跡の譲渡益を申告しなかったために脱税とみなされたケースもありました。そして、二〇一三年に日本相撲協会が内閣府からのお達しで年寄名跡の一括管理をすべく全年寄に名跡証書の提出を命じたさいにも、借金の担保になっているのかあるいは年寄ではない第三者の手にわたっているのかわかりませんが、証書を提出できない年寄がおりました。これはその年寄たちに問題があったというよりも、協会に在籍する権利という売買の対象になるはずのないものを現場の年寄たちの好き勝手に取り扱わせてきた協会のガバナンス（統治）の甘さに原因があるといえます。

不祥事の原因がもっぱら個人の不道徳にあるならば、当事者が反省の意味を込めて謝罪することは重要でしょう。しかし、企業のような組織では個人の不道徳を責めてもあまり効果があるとは思えません。なぜなら、組織を守るためにメンバーの結束を高めようとした結果、内部だけに通じる特殊なルールが生まれ、それが次第に外部の一般ルールから逸れていくのはよくあることだからです。

消費者を主役とすべき

企業犯罪につきものなのが関係者の自殺です。何が原因か定かではありませんが、個人と組織の板挟みにあった挙げ句の悲劇的な結末であることは想像がつきます。個人あっての組織であるにもかかわらず、組織を救うために個人が犠牲になるのは本末転倒でしょう。

経済学が目的とするものは何でしょうか。それは消費者の幸せです。なぜ消費者なのかというと、消費者でない人間はいないからです。企業などの組織が儲けることではありません。企業がいくら儲けても、市場が独占状態であれば消費者に利益は還元されないからです。

組織の内部は市場の目が行き届かないブラックボックスのようなものです。企業の昇進メカニズム、人事査定、賃金体系などは外部からうかがい知ることができません。さらに組織内に企業文化と呼ばれる独特の雰囲気を持つ企業もあります。こうした目に見えないルールが外部の常識とずれ始めたとき、それを修正する仕組みが必要となるのです。(6)

組織の暴走を食い止めるのは個人の冷静な判断力です。消費者の視点といってもいいでしょう。つまり組織の活動が「お客様」としての消費者の方を向いているかということです。でも組織のルールは、組織の構成員の便宜のためにつくられることが多くなります。自分たちの都合のいいように傾斜していき、ついに歯止めがかからなくなるのです。

二〇〇〇年、雪印乳業が毒素に汚染された牛乳を販売して食中毒騒ぎを起こしたことがありました。原因は、工場が停電したさいに大量発生したエンテロトキシンAという名の毒素を除去せずにそのまま脱脂粉乳として再利用したことにあったとされています。工場の職員に食品衛生を保つという意識が欠けていたのです。そして、事件発覚後、会社上層部の対応のまずさが問題を大きくし、国内屈指の雪印ブランドは泥まみれとなってしまいました。

アサヒビールの事業方針に、「すべてはお客様の『うまい!』のために。」というフレーズがあります。ビール会社なのだから当たり前と思われがちですが、この平凡な経営理念を社内の隅々にまで浸透させることこそが、雪印のような不祥事を防ぐための方策となるのです。どのような経営をしても、最終的には消費者が「うまい！」といってくれなければ失敗なのです。この考え方は組織内部にいる人間が陥りがちな自分本位の思い込みを軌道修正するでしょう。

どのような組織であっても、一般的な消費者の利益になる行動が犯罪につながるということはほとんどありえません。消費者のために質の高い財・サービスをより安く提供することがコンプライアンス（法令遵守）の促進にもつながります。これは経済学の目的とまさに合致することなのです。

政府による関与の効果

個人にせよ、法人にせよ、経済がらみの犯罪が起きると、マスコミは欲望の暴走を防ぐためのルールづくりを怠ってきた政府を一斉にたたきます。つまり、罰則を厳格にして抑止効果を働かせるとともに、普段から悪いことをしないように監視を怠るなという要求です。これは国民や組織の行動に法律で縛りをかけることを意味します。しかし、政府が民間の違反行為を防ぐべく関与をしようとしても、あまり効果がない場合があります。ここでは、商店街の駐車違反を例にとって説明しましょう。

商店街にとって買い物客は大歓迎です。買い物のための駐車であればほとんど問題にしないでしょう。でも、商店街に駐車する人のなかには、別の場所で用を足している人もいるに違いありません。こうした駐車車両は商店や買い物客にとって迷惑なだけなので、できれば排除したいところです。

道路交通法では、十分な駐車スペースがない限り、ほとんどの道路は駐車禁止となっています。商店街もその例外ではありません。にもかかわらず、実際には商店街の道路には車が止められていることが多いようです。なぜこうなるのでしょうか。

同じ駐車違反でも場所によって迷惑の程度に差があるのです。法律はこうした細かい配慮が苦手なため、道路幅などで一律に駐車禁止としてしまいます。その理由は、万一、駐車が原因で事故が起きた場合、駐車したドライバーの過失とするためです。つまりこの場合の法律は、駐車違反をなくすという意味合いよりも、行政が事故は自分のせいではないと責任を回避することが目的になっていると考えられるのです。

そこで、商店街のように必ずしも駐車を迷惑としない場所では、商店主、ドライバー、そして警察の微妙なバランスのもとに駐車車両のレベルが決められています。もし、商店街にとって本当に迷惑な違法駐車が頻発するようになれば、店主たちは警察に厳しい取り締まりを要請するでしょう。一方、迷惑でなければ放置するはずです。結局のところ、駐車違反の表示があっても、駐車車両のレベルは場所に応じて当事者たちが最適と考える辺りに落ち着くのです。

警察など行政の関与が必要となるのは、当事者たちが最適なレベルを決められないケースです。都会の駅前のように、違法駐車の迷惑度が大きいうえに、周辺の店舗やそこを訪れる客の利害がまちまちである場合には、厳格に法律が運用されることになるでしょう。

家庭という聖域

このように行政は当事者同士が話し合いで問題を解決できる場所にはあまり立ち入らないようにしています。これを民事不介入の原則といいます。法律という一般的で画一的なルールを適用することが困難なためです。

この不介入領域の代表例が家庭です。家族の問題に警察は首を突っ込みません。家庭の事情はそれぞれの家庭によってさまざまですし、構成員である家族のメンバーは共同生活を送っているのですから互いに意思の疎通が図れているはずというのが不介入の建前です。

ところが、最近、この家庭という聖域で、暴力や殺人などの事件が頻発しています。実際、現在の日本で起きている殺人事件の実に半分以上が尊属殺人（親族間での殺人）なのです。その原因としては、家族で一緒に過ごす時間が減ったことによる価値観の共有不足や世代ギャップの拡大で生じる利害の衝突などがあげられるでしょう。これらはともに家族メンバー間での話し合いの阻害要因となります。

殺人事件として明るみに出る前に、児童相談所や警察など公的機関が介入できないのは、民事不介入の原則が適用されているためです。親から子への日常的な暴力行為が見られたとしても、親に躾だといわれてしまえば周囲は引き下がらざるをえません。そして親の援助なしに生きられない子どもは親の強弁に反論することはできません。家庭という閉鎖空間で、一般社会のルールから逸脱した行為が許されているのです。

家庭という特殊な組織であっても、構成員同士が疎遠になり、民事不介入の条件が満たされなくなったケースにおいては、そこに公的機関が介入し、問題の解決にあたる必要があるでしょう。もはや家庭は聖域ではないのです。個人の自由を尊重できないのであれば、自由を享受する権利を失うのは当然のことなのです(7)。

経済学に「善人」や「悪人」はいない

マスコミなどの報道を見るにつけ、国民は特定の個人が「善人」なのか「悪人」なのかということに強い関心を抱いているようです。そして「悪人」らしいということになると、一斉にバッシングが始まります。本人を追い回し、私生活を暴き立て、親族にインタビューし、すべてのプライバシーを白日のもとにさらします。

こうした扱いに慣れ親しんでいるうちに、多くの人たちは黒か白かという基準で社会問題を分析するようになってきます。そして、基準となる法律は政治家や官僚など専門家が作成し、白黒の判断は法律の知識に長けた裁判官の手に委ねられます。そもそも法律の是非は国民一人ひとりが考えるべきことであるにもかかわらず、「シェフおまかせコース」になってしまっているのです(8)。

何か事件が起きたとき、国民のなすべき役割は事件の背後にある原因について冷静に分析し、それを今後に役立てる方策を考えることでしょう。しかし、善悪を基準とした分析手法は第三者としての冷静な判断力を鈍らせてしまいます。悪人をつるし上げるメディア報道は、事件と直接関係のない視聴者に当事者意識を植え付けようとします。視聴者の同情を誘い、怒りを駆り立て、感情に訴えることで視聴率が高まるからです。しかもこうした興奮は長く続きません。一時的に燃え上がったかと思うと、さっと潮が引くごとく静かになってしまいます。そして一年も経てば何があったかすら忘れてしまうのです。

日ごろから大学生と接していて気づくことは、社会問題に関する分析力の乏しさです。文章が稚拙というわけではありません。分析をしていないのです。世の中の現象を「善いこと」と「悪いこと」に分けたうえで、出てくる結論として「悪いことはやめましょう」という内容になっているのです。

経済学の利点は「善人」や「悪人」をつくらないことです。状況に応じて誰でも「悪人」になってしまうと考えます。経済学に登場する人間は誘惑に勝てない弱い存在です。こうした意志の弱い人間を「善人」にするためには、「悪人」にならないインセンティブを与えることが必要だと経済学は教えます。

そこに世の中を分析する視点が芽生えてきます。人間を悪事に走らせたインセンティブに目を向けるのです。もちろん、個人の性格に依存した特異な事件もあります。複雑な家庭環境が原因となっているケースもあるでしょう。しかし、個々の人間がどういう性格かとか、どのような教育を受けたかとか、どのような家族構成かという個人的な情報を一般の人が知ったとしても、それは興味本位の域を出るものではありません。われわれ第三者が冷静な頭でなすべきことは、悪事に走らせない条件づくりを考えることなのです。

表　比較優位の原則

	Aさん	Bさん	Cさん
魚１トン生産に要する時間	2時間	6時間	6時間
肉１トン生産に要する時間	3時間	4時間	4時間
各自が40時間を配分して均等生産したとき			
魚の生産量（消費量）	8トン	4トン	4トン
肉の生産量（消費量）	8トン	4トン	4トン
相対的に得意なものに特化して生産したとき			
魚の生産量	20トン	—	—
肉の生産量	—	10トン	10トン
そのあと魚と肉を交換して消費したとき			
魚の消費量	10トン	5トン	5トン
肉の消費量	10トン	5トン	5トン

経済学は本当に弱者に冷たいのか

第4章で述べたように、経済学では弱者は保護によってつくられると考えます。その考え方は冷たいのでしょうか。

なぜ弱者保護が必要になるのでしょうか。その理由は明白です。一般社会で普通の生活ができないからです。なぜできないのでしょうか。それは私たちの社会が病気や障害などを理由にまともに働けない人たちを排除してきたからです。読者のなかには、まともに働けないのだから排除されて当然だと思う方も多いでしょう。

経済学ではこうした人たちも生産に取り込むことが合理的だと考えます。たとえば上の表をご覧ください。この表はABCの三人からなる単純化された経済を考えています。そしてA氏の生産能力はすべて（ここでは魚と肉）においてあとの二人よりも高く設定されています。

ここで、すべての面で能力の高いAさんには魚も肉も生産してもらい、ＢさんとＣさんにもそれぞれの能力に応じた生産してもらうという「自給自足型」の経済を想定しましょう。このとき、Ａさんは魚と肉を八トンずつ、ＢさんとＣさんは四トンずつ生産（消費）することになります。

実は、このやり方は効率的ではありません。それを証明するため、Ａさんは比較的に得意とする魚に、そしてＢさんとＣさんは肉に特化し、その後で魚と肉の消費が等量になるよう交換するという方式をとってみましょう。すると、表の下段にあるように、消費量は自給自足のときと比べて二五％も増えています。このように、比較的に優位性を持つものに特化してから交換することによって消費量が増えることを経済学では「比較優位の原則」と呼んでいます。

この結果が意味することはとても重要です。つまり、何でもできる人に何でもやってもらうのは非効率だということです。言い換えれば、能力が低いと見られている人であっても、その人の得意分野で生産活動に従事してもらい、その成果を交換することによって、社会全体はより豊かになるのです。豊かになれば、本当に保護しなければならない人たちのためにより多くの資源を回すことができます。

能力の低い人を社会から排除して保護するという社会は弱者にとって本当にやさしいといえるのでしょうか。

マイノリティを経済学で扱う意味

私は慶應義塾大学三田キャンパスで毎年「障害者の経済学」という講義をしています。なぜ障害者のようなマイノリティを福祉ではなく経済学で扱うのか、私が学生に最も伝えたいのはこの点です。とりわけ卒業後に社会のさまざまな場面で仕事をする可能性の高い商学部生にこそ知っておいて欲しいと思っています。

障害者をテーマとすると多くの人は障害者そのものを近視眼的にとらえがちです。それは障害の特性に合った教育とは何なのか、障害者の就労支援はどうすべきか、そして福祉のどの部分にもっと予算をつぎ込むべきかなどといった問題ですが、こうしたとらえ方をすると障害者問題について関心の薄い人たちにとってはどうでもよい話になってしまいます。これでは障害者問題は広がりを持ちません。

経済学の利点のひとつは、小さな問題であってもそれをなるべく一般化し、より大きな問題とのつながりを考えようとするところです。マイノリティがテーマであっても、それを研究することによって大きな問題を解くための鍵が見つかれば、研究の価値はより高まると考えられます。

この講義で特別支援学校の就労支援について話をしたことがありました。かつて養護学校と呼ばれ、もっぱら障害児を受け入れているこの学校は、これまで「親のレスパイト（気分転換）提供機関」とか「モラトリアム（猶予）期間」などと揶揄《やゆ》されてきました。その背景には、小学校から高等学校までの一二年間、授業料無料で障害児を半日預かるのが学校のおもな仕事で、卒業生のほとんどは障害者施設通いか在宅になるという状況がありました。つまり、障害児の親にとって、特別支援学校は世話の焼ける子どもを半日預かってくれるありがたい公的施設であり、卒業までの一二年間は冷たい風の吹き付ける世間に子どもを出すまでの猶予期間だったのです。

二〇〇六年に障害者自立支援法が施行され、企業による障害者雇用も大きく進展すると、今度は特別支援学校のなかに卒業生の企業への就職を最大のミッションとして掲げるところが出てきました(9)。たとえば、東京都は高い就職率の達成を目標とする特別支援学校高等部職業科を次々と開校させています。なかでも都立永福学園は最初の卒業生の就職率は九六％、同じく足立特別支援学校高等部普通科職業コースではなんと一〇〇％となっています。有名大学も真っ青の実績といえるでしょう。

こうなると高い就職率に惹かれ、これらの学校の受験を考える親が増えてきます。最近ではこうした受験生向けの家庭教師や塾が登場してきているそうです。たとえば、ある特別支援学校の受験を支援するインターネットのサイトでは、入試問題の紹介とその解法、面接の心得などが丁寧に解説されていました。

これら一連の情報を講義で紹介したとき、学生たちは声をたてて笑いました。そこで私は一喝しました。「君たちとどこが違うんだ！」

そうです。健常児の受験とまったく同じなのです。大企業に入るために難関大学を目指し、難関大学に入るために塾に通い、入試問題の解法テクニックをひたすらマスターする現代の学生ならびにそれを応援する親たちとどこが違うのでしょうか。さらにいえば、そうした受験テクニック先行型教育の弊害が指摘されるなか、なぜ障害児たちにも同じ道を歩ませようとするのでしょうか。

就職率一〇〇％が学校のミッションとなるのも問題です。そもそも難しい入学試験を課し、それをクリアできる優秀な生徒ばかりを集めれば就職率が高くなるのは自明の話でしょう。そして就職のためにこうした生徒たちに訓練を施すのがミッションだと考えるなら、これはもはや学校ではなく職業訓練校ではないでしょうか。教育が目指すべき到達点は企業への就職などといった目先の目標ではないはずです。その本来の目的は、深い教養を身につけ、人間として豊かな人生を送ることではないでしょうか。

このように障害児教育が迷走しているのは、日本全体が何を教育の目標とすべきかわからなくなっていることと無関係ではありません。特別支援学校がまじめにこうした取り組みをしているのが滑稽に見えるのであれば、健常児たちの教育の現場も同じように滑稽です。マイノリティのことを考える意義は、そこに投影されている一般社会の姿を見ることなのです。

経済学は懐の深い学問

この章では経済学の復権を目指し、さまざまな側面からその有用性について考えてきました。経済学をどのくらい活用するかは国民が選択することですから、その決定自体に経済学者がとやかく口を挟むことはできません。ただ、経済学の意図するところが国民から理解されていないことについては、経済学者として説明責任があると考えます。

経済学のすばらしさを一言でいえば、「懐の深い学問」ということではないでしょうか。経済学はどのような人間の行動もありのままに受け入れてくれます。決して馬鹿にしたり感情的になったりしません。なぜなら、人間の行動に合理性があるということが経済学の考え方の基本にあるからです。

「あいつは何て馬鹿なことをしているんだ」と思ったとたんに人間の思考は停止してしまいます。「なぜあんなことをしているんだろう」という疑問に置き換えることで、考えが一歩前に進むのです。外部者にとって不思議に思える行動であっても、当人にとってみれば背後にそれなりの合理性が存在しているのです。

よくありがちな先入観として、伝統文化は古臭いことを好む人たちが集まる特殊なサークルであり、宗教教団は信仰のためにすべてを投げ出せる奇特な人がつくる集団であり、そして弱者保護はモラルの高い立派な仕事といった類のものがあります。経済学を学ぶことによって、こうした先入観は徐々に消え去っていくでしょう。

特殊と思われがちな分野であっても、そこには合理的な存在理由があり、活動する人たちのやる気を支えるインセンティブが見出せるのです。そして、これらの分野が現在抱えている問題の本質を把握し、解決の糸口を見出すために、経済学は十分役に立つ学問といえます。

経済学的な思考方法を身につけることは人間の自由な行動を尊重することでもあります。多くの人たちがこの点に理解を示すようになれば、今後も私たちの選択の自由は守られ続けることでしょう。

注

（1）「今と同じペースで一〇〇年以上石炭の消費が増え続ければ、炭鉱の深さは四〇〇〇フィートに達し、石炭の平均価格は現在の最高品質の石炭の価格以上になるであろう。容易に推測できることは、現在の経済成長を持続することは不可能だということである。」(Jevons, W. S., *The Coal Question: An Inquiry Concerning the Progress of the Nation, and the Probable Exhaustion of Our Coal-Mines*, Macmillan, London, 1865, p.11)

（2）古代インドには人間は過去の生き方を反映して生まれ変わるという輪廻思想があって、それが仏教と結びついて六道輪廻の考え方が生まれました。六道とは、天、人、阿修羅、畜生、餓鬼、地獄を意味し、仏教では悟りを得た人はそこから抜け出して仏になれるのです。

（3）バイキング形式の場合、食事代は宿泊料金に含まれており、無料というわけではありません。でも、宿泊客は前もって支払いを済ませているため、バイキングでは満腹になるまで食べるでしょう。そのため、ホテルは普段よりも多めの量を出す必要がありますが、その分、メニューが確定されていることからコストの節約にもなるのです。

（4）第1章で取り上げた食品偽装問題の部分をもう一度思い返してみましょう。

（5）ただし、このルールには弊害もあります。通勤時間帯のようにすべての利用者がほぼ同一の目的を持っている場合はこうした使い分けは合理的でしょう。でもデパートのエスカレータのように子どもから高齢者までさまざまな属性の人が集まる場所で、しかも急いでいない人の方が多いときには、あえて追い越し車線をつくるのはエスカレータ渋滞の原因となります。

（6）企業がモラルに鈍感な閉鎖空間にならないようにするために、企業同士の株式の持ち合いをなくし、物言う株主からなる株主総会本来の姿を取り戻そうという取り組みがあります。しかし、監査法人と経営者が結託すると株主総会に正しい情報が出てこない可能性もあります。そのため、最近ではコンプライアンス（法令遵守）委員会を特別に立ち上げるとともに外部からも委員を招き、透明度の高い監査ができるよう試みる企業が現れ始めました。外部委員は内部のしがらみがなく客観的に意見をいいやすい立場にありますが、その反面、企業内部の情報を持ち合わせておらず、結局は内部者頼みになってしまうこともあります。そこで、従業員など組織と関わりを持つ人間が内部告発しやすくするための法律、公益通報者保護法が二〇〇六年に施行されました。内部者は組織内での犯罪に気づいたとしても、解雇など企業からの報復を怖れ、情報をオープンにすることをためらうでしょう。この法律は、内部告発者の解雇を禁止し、企業コンプライアンスの促進をねらいとするものです。

（7）近年、家庭をつくる前のカップルの段階でストーカーなどの暴力行為が問題になっています。この問題についても、警察は民事不介入の原則から恋人同士の痴話喧嘩と同程度の扱いしかしてきませんでした。しかし、殺人にまで至る事件がしばしば起きたことから、二〇一三年七月にそれまでの「ストーカー規制法」を改正し、ストーカーの加害者に対して警察本部長が警告を発することができるようにしました。

（8）この状況を改善すべく導入されたのが「裁判員制度」です。ただ、国民の多くは「人を裁く自信がない」という理由からこの制度をあまり歓迎していないようです。やはり、「シェフおまかせコース」の方が安心できるのでしょうか。

（9）厚生労働省の資料によれば、五〇人以上規模の企業に雇用されている障害者の数は、二〇一三年には四〇万人を超え、三〇年前の三倍になっています。

あとがき

この本の前身となる『これも経済学だ！』（ちくま新書）を出版したとき、ある書評番組が同書を取り上げてくれました。書評というのは著書の優れたところを見出し、世に紹介することが役割だと思っていましたが、その番組に登場した司会者を含む三人の評者は同書をこき下ろしました。

まず口火を切った評者は「この本は大嫌いだ」としたうえで、その理由として「何でもカネで済む話だから」と言いました。別の評者は「読むのが苦痛」、「この著者はこれを本気で書いているのか」とし、さらに「わざと過激なことを書いてセンセーションを起こそうとしているのではないか」と私が扇動者であるかのような言い方をしました。そして、最後に司会者が「このコーナーでこんなに批判が出たのははじめて」といい、皆で笑いました。

そのとき私は痛感しました。世の中の多くの人に経済学を理解してもらうのは並大抵ではないということです。テレビに登場するような文化人でさえ、経済学はカネ勘定学問といった程度の知識しか持ち合わせていないのです。

経済学では、人間が実際に行動することと説明することを切り離して考えます。[1] ある高名な経済学者は、「経済学者が考えているように人間は行動しているわけではない」との批判に対して、「リンゴは木から地面に落ちるときに『落ちたい』と思って落ちているわけではない」と反論したそうです。つまり「本人」がどのような気持ちで行動しているかということと、その行動をどのように説明するかは別物という意味です。

これが経済学を嫌う人たちの原因になっているのかもしれません。さきの番組でも、ある評者は、本書第1章でも触れた「結婚式はコミットメント」という経済学の説明が気に入らなかったらしく、「私たちはそんなつもりで結婚しているわけではない」と批判していました。確かに披露宴の祝辞で、「これで離婚しにくくなりますね、おめでとう」などと話したら新郎新婦はもとより出席者全員の顰蹙《ひんしゅく》を買うでしょう。ですが、コミットメントだと解釈すれば、披露宴でのあのわざとらしいアツアツぶりの演出のわけも説明できますし、なぜ結婚したあとで態度を豹変させる夫がいるかも理解できます。さらには結婚二五周年で再び愛を確認するいった習慣が生まれた理由もわかります。

つまり私たちの多くは、意識しているかどうかとは関係なく、重力に引っ張られるかのごとく合理的な行動をとっているのです。たとえば、棚の上に飾っておいた大切な置物が地震で床に落ちて壊れたとしましょう。そのとき重力のせいにする人は誰もいないでしょう。また、私たちが地に足を付けて活動できるのも重力のおかげですが、いちいち重力に感謝している人などどこにもいません。それでも私たちは重力を巧みに利用して水力発電や振り子を発明し、生活の役に立てています。

人間の合理性もそれと同じです。普段から意識はしていませんが、人間行動のかなりの部分はこれに支配されています。そうだとしたら合理的行動の仕組みを解明し、それを社会のために有効活用しようという発想が生まれてきてもおかしくありません。経済学の目指すところはそこにあるのです。

ロウソクが消える前の一瞬の輝きに似たバブル経済とその崩壊を経て、日本経済は長期にわたる停滞モードに突入しました。東日本大震災のような自然災害も重なり、国民のストレスも相当溜まっているのは無理からぬところでしょう。そして、そうした鬱憤《うっぷん》の矛先が有効な手立てを講じられない政治家や官僚に向けられ、その結果として政治不信と頻繁な政権交代を招いているように思われます。でもこうした状況は決して望ましいとはいえません。

今から一四〇年ほど前、こんなことを書いた啓蒙思想家がおりました。

西洋の諺《ことわざ》に愚民の上に苛《から》き政府ありとはこの事なり。こは政府の苛きにあらず、愚民の自ら招く災なり。愚民の上に苛き政府あれば、良民の上には良き政府あるの理《ことわり》なり。故に今、我日本国においてもこの人民ありてこの政治あるなり。仮に人民の徳義今日よりも衰えてなお無学文盲に沈むことあらば、政府の法も今一段厳重になるべく、もしまた人民みな学問に志して物事の理を知り文明の風に赴《おもむ》くことあらば、政府の法もなおまた寛仁大度《かんにんたいど》の場合に及ぶべし。

（福沢諭吉『学問のすゝめ』より）

簡単に要約しますと、国民が学問をせず愚かなままでいると、政府は法律を厳しくして国民を管理するようになりますよ、でも国民がしっかり学問に励んで賢くなれば政府は寛大になりますよ、ということです。つまり、愚かな国民が不平不満を政府にぶつければ、政府はいろいろな法律をつくって国民を縛るようになるというのです。

「道徳の教科化」などはその典型ではないでしょうか。これは、何が「善い行い」で何が「悪い行い」かというようなことまで政府に教えてもらわなければならないという意味です。まさに国民の「愚かさ」を証明しているようなものでしょう(2)。

経済学ですべての社会現象が説明できるなどとはまったく思っていませんし、経済学の考え方を強制するつもりもありません。ただ、社会を見るためのメガネのひとつとして経済学を学んでおく必要はあると思います。そしてそれが、政府の言いなりにならず、マスコミ報道に踊らされず、自ら知恵を出して社会をつくっていくことができる自立した国民になるための確実な一歩だと考えています。

二〇一四年　新春の書斎にて

著　者

注

（1）近年注目されている「行動経済学」という分野は、人間の行動そのものにスポットを当て、従来の経済学の理論が説明できない人間の非合理的行動を分析の対象としています。

（2）「道徳の教科化」という提言をとりまとめた文部科学省の有識者会議「道徳教育の充実に関する懇談会」の座長が元慶應義塾長というのは何とも皮肉というしかありません。

※　本書は、二〇〇六年八月一〇日に筑摩書房より刊行された『これも経済学だ！』（ちくま新書）を大幅に改稿したものです。

参考文献

ここでは本書各章の初出や参考文献に加え、本書の内容に関する理解をさらに深めるうえで読むことをお薦めする文献をリストアップしておきたいと思います。

第1章

中島隆信『子どもをナメるな――賢い消費者をつくる教育』、ちくま新書、二〇〇七年。

中島隆信『刑務所の経済学』、ＰＨＰ研究所、二〇一一年。

中島隆信「経済学的思考のススメ」、『くらし塾きんゆう塾』、二〇一四年冬号、日本銀行。

第2章

荒井一博『文化の経済学――日本的システムは悪くない』、文春新書、二〇〇〇年。

生田誠『落語家になるには』、ぺりかん社、一九九六年。

大矢順正『棋士になるには』、ぺりかん社、一九九七年。

ウィリアム・Ｄ・グランプ『名画の経済学――美術市場を支配する経済原理』（藤島泰輔訳）、ダイヤモンド社、一九九一年。

島朗『将棋界がわかる本――棋界のしくみ・不思議が分かるガイドブック』、たちばな出版、一九九五年。

立川談志『現代落語論』、三一新書、一九六五年。

田中寅彦『将棋界の真相』、河出書房新社、二〇〇四年。

中島隆信『大相撲の経済学』、東洋経済新報社、二〇〇三年。

中島隆信「経済学で考える伝統文化」、『経済教室』、『日本経済新聞』、二〇一三年四月二九日。

新田一郎『相撲の歴史』、講談社学術文庫、二〇一〇年。

元・大鳴戸親方『八百長——相撲協会一刀両断』、鹿砦社、一九九六年。

第3章

石田瑞麿『日本仏教史』、岩波全書、一九八四年。

大橋英寿『沖縄シャーマニズムの社会心理学的研究』、弘文堂、一九九八年。

島田裕巳『創価学会』、新潮社、二〇〇四年。

館澤貢次『宗教経営学——いま注目の宗教法人のカネ・ビジネス・組織』、双葉社、二〇〇四年。

中島隆信『お寺の経済学』、東洋経済新報社、二〇〇五年。

中島隆信『こうして組織は腐敗する——日本一やさしいガバナンス入門書』、中公新書ラクレ、二〇一三年。

名幸芳章『沖縄佛教史』、護国寺、一九六八年。

奈良康明編著『日本の仏教を知る事典』、東京書籍、一九九四年。

丹羽基二『お墓のはなし』、世界聖典刊行協会、一九八二年。

藤井正雄監修『お墓と埋葬の手帳——お墓に関することがすべてわかる』、小学館、二〇〇二年。

Glaeser, Edward L. eds., *The Governance of Not-for-profit Organizations*, The University of Chicago Press, 2003.

Hansmann, Henry, *The Ownership of Enterprise*, Harvard University Press, 1996.

Iannaccone, Laurence R., "Introduction to the Economics of Religion", *Journal of Economic Literature*, Vol. XXXVI, pp. 1465–1496, 1998.

Nelson, Robert H., *Economics as Religion*, The Pennsylvania State University Press, 2001.

第4章

浅野史郎『豊かな福祉社会への助走――障害福祉の新しい流れ』、ぶどう社、一九八九年。

生瀬克己『日本の障害者の歴史――近世篇』、明石書店、一九九九年。

太田清『ここに生きがいが』、北海道重障者福祉村建設推進委員会、一九八五年。

乙武洋匡『乙武レポート』、講談社、二〇〇〇年。

小倉昌男『福祉を変える経営――障害者の月給一万円からの脱出』、日経BP社、二〇〇三年。

北島行徳『無敵のハンディキャップ――障害者が「プロレスラー」になった日』、文藝春秋、一九九七年。

佐藤幹夫『自閉症裁判――レッサーパンダ帽男の「罪と罰」』、洋泉社、二〇〇五年。

櫻田淳『「弱者救済」の幻影――福祉に構造改革を』、春秋社、二〇〇二年。

全国自立生活センター協議会編『自立生活運動と障害文化――当事者からの福祉論』、全国自立生活センター協議会、二〇〇一年。

田島良昭『施設解体宣言から福祉改革へ――障害をもつ人への支援も介護保険で』、ぶどう社、二〇〇四年。

高谷清『透明な鎖――障害者虐待はなぜ起こったか』、大月書店、一九九九年。

手塚直樹『日本の障害者雇用――その歴史・現状・課題』、光生館、二〇〇〇年。

中澤健『グループホームからの出発』、中央法規出版、一九九七年。

中島隆信『障害者の経済学　増補改訂版』、東洋経済新報社、二〇一一年。

中島隆信「『銀座の屈辱』を考える」、『さぽーと』六八一号、日本知的障害者福祉協会、二〇一三年。

花田春兆『日本の障害者――その文化史的側面』、中央法規出版、一九九七年。

日浦美智江『朋はみんなの青春ステージ――重症心身障害の人たちの地域生活を創る』、ぶどう社、一九九六年。

二神能基『希望のニート――現場からのメッセージ』、東洋経済新報社、二〇〇五年。

ゲーリー・S・ベッカー、ギティ・N・ベッカー『ベッカー教授の経済学ではこう考える――教育・結婚から税金・通

貨問題まで』（鞍谷雅敏・岡田滋行訳）、東洋経済新報社、一九九八年。

ぽれぽれくらぶ『今どきしょうがい児の母親物語』、ぶどう社、一九九五年。

松兼功『障害者に迷惑な社会』、晶文社、一九九四年。

山本譲司『獄窓記』、ポプラ社、二〇〇三年。

横塚晃一『母よ！殺すな』、すずさわ叢書、一九七五年。

四宮鉄男『とても普通の人たち――北海道浦河べてるの家から』、北海道新聞社、二〇〇二年。

渡辺一史『こんな夜更けにバナナかよ――筋ジス・鹿野靖明とボランティアたち』、北海道新聞社、二〇〇三年。

Salkever, D. S. and A. Sorkin (eds.), The Economics of Disability, JAI Press Inc., 2000.

第5章

大竹文雄『日本の不平等――格差社会の幻想と未来』、日本経済新聞社、二〇〇五年。

橘木俊詔『日本の経済格差――所得と資産から考える』、岩波新書、一九九八年。

中島隆信「特別支援学校は何なのか」、『さぽーと』六八五号、日本知的障害者福祉協会、二〇一四年。

Jevons, W. S. *The Coal Question: An Inquiry Concerning the Progress of the Nation, and the Probable Exhaustion of Our Coal-Mines*, Macmillan, London, 1865.

あとがき

友野典男『行動経済学――経済は「感情」で動いている』、光文社新書、二〇〇六年。

福沢諭吉『学問のすゝめ』、岩波文庫、一九四二年。

〈著者紹介〉
中島　隆信（なかじま たかのぶ）
慶應義塾大学商学部教授、同大学産業研究所所長。
1960年生まれ。慶應義塾大学大学院経済学研究科後期博士課程単位取得退学。博士（商学）。専門は応用経済学。著書に、『こうして組織は腐敗する』（中公新書ラクレ、2013年）、『刑務所の経済学』（PHP研究所、2011年）、『障害者の経済学 増補改訂版』（東洋経済新報社、2011年）、『オバサンの経済学』（東洋経済新報社、2007年）、『子どもをナメるな』（ちくま新書、2007年）、『お寺の経済学』（東洋経済新報社、2005年）、『大相撲の経済学』（東洋経済新報社、2003年）、『日本経済の生産性分析』（日本経済新聞社、2001年）など。実証的な分析を行うかたわら、従来の経済学ではあまり扱われなかった事象を例に、経済学的思考の重要性を説く多くの著作を世に問うている。

経済学ではこう考える

2014年5月15日　初版第1刷発行

著　者――――中島隆信
発行者――――坂上　弘
発行所――――慶應義塾大学出版会株式会社
〒108-8346　東京都港区三田2-19-30
TEL〔編集部〕03-3451-0931
〔営業部〕03-3451-3584〈ご注文〉
〔　〃　〕03-3451-6926
FAX〔営業部〕03-3451-3122
振替　00190-8-155497
http://www.keio-up.co.jp/
装　丁――――辻聡
印刷・製本――中央精版印刷株式会社
カバー印刷――株式会社太平印刷社

Printed in Japan　ISBN978-4-7664-2133-0